U0607792

创意设计与乡村古镇复兴

主编 管 宁 刘小新

国家艺术基金 2019 年度艺术人才培养资助项目（130301201806061379 28）

江苏大学出版社
JIANGSU UNIVERSITY PRESS

镇江

图书在版编目（CIP）数据

创意设计与乡村古镇复兴／管宁，刘小新主编. —
镇江：江苏大学出版社，2019.12
ISBN 978-7-5684-1279-7

Ⅰ.①创⋯ Ⅱ.①管⋯ ②刘⋯ Ⅲ.①乡村建设 – 研
究 – 中国 Ⅳ.①F320.3

中国版本图书馆 CIP 数据核字（2019）第 276137 号

创意设计与乡村古镇复兴

Chuangyi Sheji yu Xiangcun Guzhen Fuxing

主　　编／管　宁　刘小新
责任编辑／顾正彤
出版发行／江苏大学出版社
地　　址／江苏省镇江市梦溪园巷 30 号（邮编：212003）
电　　话／0511-84446464（传真）
网　　址／http：//press. ujs. edu. cn
排　　版／镇江文苑制版印刷有限责任公司
印　　刷／句容市排印厂
开　　本／718 mm×1 000 mm　1/16
印　　张／13.25　插页 18
字　　数／186 千字
版　　次／2019 年 12 月第 1 版　2019 年 12 月第 1 次印刷
书　　号／ISBN 978-7-5684-1279-7
定　　价／52.00 元

如有印装质量问题请与本社营销部联系（电话：0511-84440882）

国家艺术基金 2019 年度艺术人才培养资助项目成果

永泰游礼：文创产品设计

丁思美

荣获第六届（2019）福建文创奖　金奖

作品《永泰·上溪图》

创作说明

作品描绘了永泰地区大自然的千变万化。二月，梅花红了；三月，李花开了。罕见的云豹也来增添永泰山中的神秘色彩。春雷乍动，惊醒了蛰伏的动物。溪中老鼋觅食，溪鱼洄游，岸边春笋破土而出。一位老者盘腿坐在大章溪旁举杯与山川同饮，静观春回大地、万物复苏。斗指东南，夏天到了，水牛浴水散热，雉鸡"咯咯"鸣叫着寻找自己的孩子们。闲暇的午后，树下酣睡的老者在梦中寻找他的美酒，人们捕捞着溪鱼。青梅、李子、柿子挂满了树枝，勤劳的人们把它们做成李干、柿饼、青梅饼，酿造成青梅酒，清冽酸甜，让我们感受一份山林气息，回味一份古人豪情，在天地间活个潇洒恣意。

国家艺术基金 2019 年度艺术人才培养资助项目成果

榕城民俗风情：福州旅游手绘地图创意设计

丁思美

荣获第六届（2019）福建文创奖 铜奖

作品《榕城民俗风情》

创作理念

作品运用钢笔勾线、水彩渲染的表现手法，在保留福州各个景点坐标的前提下，融入民俗、美食、百工、商贾、童趣等场景，突出画面意境，增加趣味性，从而引起大众的共鸣，提升人们对福州全域景点分布及传统文化的了解。

作品试图从福州旅游手绘图衍生出系列文化创意产品：旅游地图、地垫、无框画、拼图、杯垫、布艺、行李箱、书签、明信片、笔记本、工艺摆件等日常生活用品，将文化创意融入大众生活。

创意来源

创意来源于《姑苏繁华图》，该图描绘了古代苏州"商贸辐辏，百货骈阗"的市井风情，由此构想出现在的福州民俗风情旅游地图。

风景名胜　　古建遗址　　高校风景　　民俗文化　　美食工艺　　百工技艺　　商贾百态　　童趣

国家艺术基金 2019 年度艺术人才培养资助项目成果

屏南县北墘村黄酒文化形象"米儿"：
中国传统古村落文化形象 IP 设计

陈鑫　黄琳　杨波

荣获第六届（2019）福建文创奖　银奖

作品《屏南县北墘村黄酒文化形象"米儿"》

创作背景

北墘村的历史就是一部酿酒史。北墘村是历史悠久的红粬黄酒文化之乡。屏南人的生、婚、死都离不开酒，故有"人生三杯酒"之说。直至今天，北墘村依旧到处都有与酿酒相关的痕迹。

创作说明

1. 北墘村的非物质文化遗产红粬黄酒以糯米为原料，故而以米粒为原型进行设计。

2. 中国黄酒相比于洋酒更多一份江湖豪气在里面。以酒闻名的北墘村给人的第一联想就是江湖大侠，故而以大侠的角色塑造米儿。

3. 米儿有一个黑色的披风，披风领上和身上有金鱼和水的图案。金鱼是北墘村的风水鱼，是北墘村的象征。

4. 米儿手上有两个护手，上面的"酒"字突出北墘村的酒文化，以及米儿爱酒的性格。

5. 米儿的面容是粗眉小眼、猫嘴红腮，给人憨厚可爱、萌萌哒的感觉，有一种形象与性格的反差萌。

6. 米儿的体型是圆乎乎的，令人有亲近感。

7. 作品以红、白、黑为主色调。红色代表了米儿的性格和红粬，黑色代表侠，白色是米粒的颜色。

人物介绍

大名：米雨而
小名：米儿
性格：豪爽大气，有侠义之气
喜好：酒

国家艺术基金 2019 年度艺术人才培养资助项目成果

惠东皇思扬古围村改造

程　洪

作品《古围村改造》

身处繁荣都市太久，
便渴望一个静谧的身心归处，
阳光，
茶香，
听风，
听雨，
你应该享有这种姿态，
生活得诗意而满足，
睁开双眼，
看到的便是美好……

　　新中式摆脱了传统中式的烦琐和沉闷，将传统中式元素与现代家居完美融合，呈现出一种令人舒心的美。这种美，源于中国的传统美学，也源于设计师对中式文化的沉淀和积累。

　　荷风三两，美月一轮。我与风月对望，饮茶、赏花、研墨、落笔。花至半开，茶饮半盏，恰如其分的情意，便是最好的境界。

国家艺术基金 2019 年度艺术人才培养资助项目成果

福建童谣《月光光》绘本创作

符文征

作品《月光光》

创作主旨

作品以乡村古镇复兴"文化导向"为引领,围绕古村镇历史文化建设主题,选取福建闽南地区最具有特色的"非遗"项目"闽南童谣"的经典之一《月光光》进行创作,以既传承本土文化又新颖有趣、具有时代特色的绘本形式呈现。

前期考察与素材整理

创作者赴武夷山、永泰、厦门、漳州、龙岩等地,收集福建本土古村落历史文化遗迹作为创作素材,并查找相关民间特色生活与文化资料。

作品创新点

作品结合唐代流传的版本,图文结合、图文互补,共同构成具有新观点的叙事内容,同时保留了中国民间题材的趣味性和可读性。

月光光（之一）

月光光，渡池塘。
骑竹马，过洪塘。
洪塘水深不得渡，
小妹撑船来前路。
问郎长，问郎短，
问郎一去何时返。

月光光（之二）

月光光，秀才郎，
骑白马，过莲塘。
莲塘边，种韭菜，
韭菜花，结亲家。
亲家门前是鱼塘，
鲤鱼大有八尺长。
一尾捞来配烧酒，
一尾送与水姑娘。

国家艺术基金 2019 年度艺术人才培养资助项目成果

方圆曲直：家具设计

郭梦妍

作品《方圆曲直》

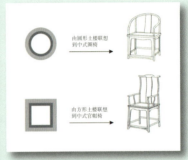

由圆形土楼联想到中式圈椅

由方形土楼联想到中式官帽椅

创作说明

　　福建土楼是独特的山区古村落大型夯土民居建筑，其基本形态多以圆形、方形为主，使人联想到中国古人"天圆地方"的理念。作者从土楼极具特色的建筑造型中汲取灵感，设计系列新中式家具，可用于当地文旅空间、家庭空间，以延续地域性文脉。

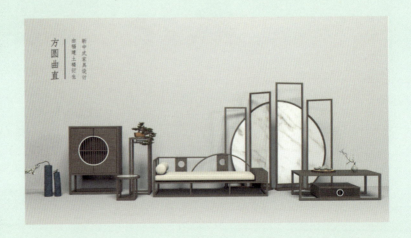

方圆曲直

新中式家具设计
由福建土楼衍生

◀ 方圆沙发

沙发提取官帽椅和圈椅的方圆元素。方代
表男主人，圆代表女主人，借喻家庭组成，
以及土楼作为典型民居所承载着的关于家
的故事。这一构造增加收纳的功能，增强
舒适感和便捷性。

▶ 方圆屏风

这组屏风由四扇小屏风组成，可以组合使用也可
以单独使用。每一扇小屏风之间都有高低、宽窄
的变化，代表着父亲、母亲、孩子不同的家庭角色。
屏风拼合后呈圆形，寓意着合家团圆、家族团结。

◀ 方圆茶几

茶几分两层，共有三处收纳空间，满足不同属性物
品的收纳需求。柜子置于桌面下的造型源自土楼杰
出的防卫功能，寓意"家是心灵的避风塘"。

▶ 方圆矮凳

矮凳的设计灵感来源于"天
圆地方"，底部的装饰具有
稳定功能，紧扣的造型隐喻
土楼的集体性和家族闭结。

▶ 方圆花几

花几主要用于
放置盆景等装
饰性强的物品，
花几的台面设
计成圆形，采
用仿大理石材
质，增强防水
功能。装饰栅
格由矮凳的底
部结构延伸而
来，寓意团结。

▶ 方圆装饰柜

装饰柜的柜体抬高，
增加了收纳空间的同
时丰富了对不同属性
物品的收纳，强化了
装饰效果。

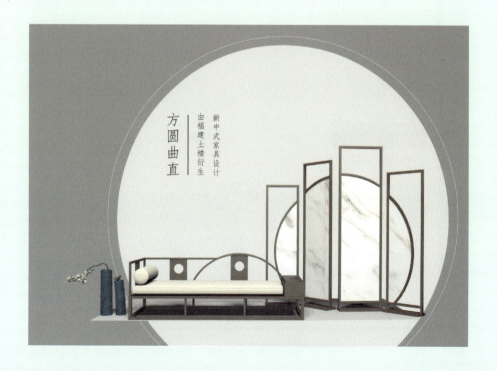

方圆曲直

新中式家具设计
由福建土楼衍生

国家艺术基金2019年度艺术人才培养资助项目成果

瓦 "解" 阻止计划：瓦的现代活化设计

张 童

作品《瓦 "解" 阻止计划》

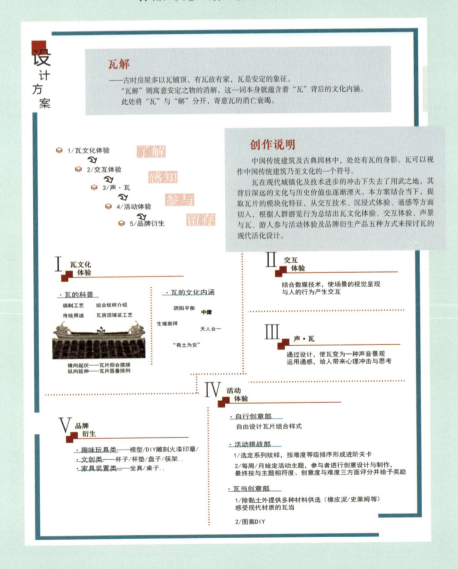

设计方案

瓦解

——古时房屋多以瓦铺顶，有瓦故有家，瓦是安定的象征。

"瓦解"则寓意安定之物的消解，这一词本身就蕴含着"瓦"背后的文化内涵。

此处将"瓦"与"解"分开，寄意瓦的消亡衰竭。

创作说明

中国传统建筑及古典园林中，处处有瓦的身影。瓦可以视作中国传统建筑乃至文化的一个符号。

瓦在现代城镇化及技术进步的冲击下失去了用武之地，其背后深远的文化与历史价值也逐渐湮灭。本方案结合当下，提取瓦片的模块化特征，从交互技术、沉浸式体验、通感等方面切入，根据人群游览行为总结出瓦文化体验、交互体验、声景与瓦、游人参与活动体验及品牌衍生产品五种方式来探讨瓦的现代活化设计。

1/瓦文化体验　了解

2/交互体验　感知

3/声·瓦　参与

4/活动体验　留存

5/品牌衍生

I 瓦文化体验

·瓦的科普

烧制工艺　组合纹样介绍

传统用途　瓦房顶铺装工艺

横向起伏——瓦片仰合搭接
纵向延伸——瓦片叠叠排列

·瓦的文化内涵

阴阳平衡　**中庸**

生殖崇拜　天人合一

"有土为安"

II 交互体验

结合数媒技术，使场景的视觉呈现与人的行为产生交互

III 声·瓦

通过设计，使瓦变为一种声音景观
运用通感，给人带来心理冲击与思考

IV 活动体验

·自行创意部
自由设计瓦片组合样式

·活动挑战部
1/选定系列纹样，按难度等级排序形成进阶关卡
2/每周/月给定活动主题，参与者进行创意设计与制作，最终按与主题相符度、创意度与难度三方面评分并给予奖励

·瓦当创意部
1/除黏土外提供多种材料供选（橡皮泥/史莱姆等）感受现代质感的瓦当
2/图案DIY

V 品牌衍生

·趣味玩具类——模型/DIY雕刻火漆印章/
·文创类——杯子/杯垫/盘子/筷架/
·家具装置类——坐具/桌子..

设计输出

——城市巡回快闪体验馆

巡回的意义——瓦是中国古建筑的通用符号,非地域独有
造址——城市广场等人流大的公共空间

设计说明

以总结的五种"拯救"方式为依据将场馆分为五个功能区,其组合形式
迂回曲折,以瓦片的弧度为灵感;
以"瓦文化——现代社会中消逝——人开始了解——参与其中——瓦
活化重生"的情节线安排五个功能区顺序;
吊顶为倒过来的屋顶形式,以瓦片形式与数量的变化对应情节的发展。

瓦文化了解区
数媒交互区
声景交互区
活动参与区
衍生品市集

了解
感知
参与
留存

入口   出口   动线

平面分析

清逝
人形的介入
重生

吊顶形式

异形藏灯带   木框架   VR虚拟悬挂拟瓦当
瓦片

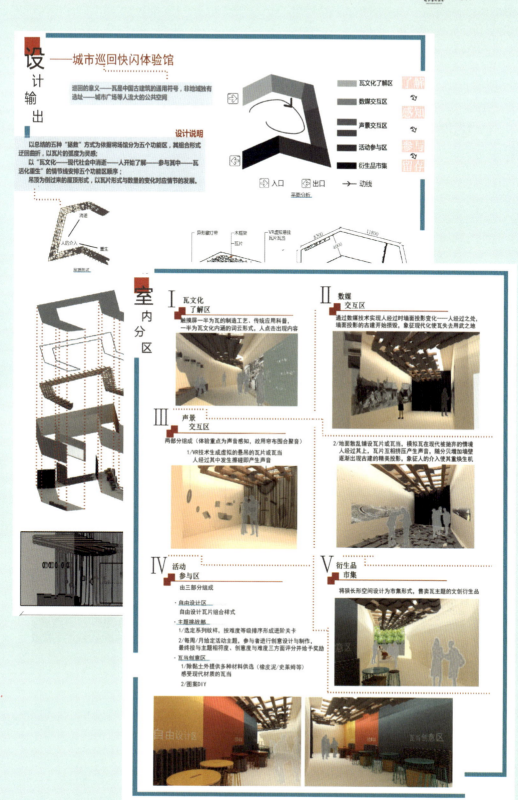

室内分区

I 瓦文化了解区
触摸屏一半为瓦的制造工艺、传统应用科普,
一半为瓦文化内涵的词云形式,人点击出现内容

II 数媒交互区
通过数媒技术实现人经过时墙面投影变化——人经过之处,
墙面投影的古建开始损毁,象征现代化使瓦失去用武之地

III 声景交互区
两部分组成(体验重点为声音感知,故用帘布围合聚音)
1/VR技术生成虚拟的悬吊的瓦片或瓦当
人经过其中发生擦碰即产生声音

2/地面散乱铺设瓦片或瓦当,模拟瓦在现代被抛弃的情境
人经过其上,瓦片互相挤压产生声音,随分贝增加墙壁
逐渐出现古建的精美投影,象征人的介入使其重焕生机

IV 活动参与区
由三部分组成

· 自由设计区
自由设计瓦片组合样式
· 主题挑战部
1/选定系列纹样,按难度等级排序形成进阶关卡
2/每周/月给定活动主题,参与者进行创意设计与制作,
最终按与主题相符度、创意度与难度三方面评分并给予奖励
· 瓦当创意区
1/除黏土外提供多种材料供选(橡皮泥/史莱姆等)
感受现代材质的瓦当
2/图案DIY

V 衍生品市集
将狭长形空间设计为市集形式,售卖瓦主题的文创衍生品

国家艺术基金 2019 年度艺术人才培养资助项目成果

悠然锄山：艺术空间设计及提升方案

陈仲胜

作品《悠然锄山》

创作背景

方案围绕厦门市内厝镇锄山村古村镇历史文化建设的内容，选取内厝镇最具特色的艺术村落——锄山村为设计主体，重点解决锄山村的功能定位、业态布局、产品体系构建及空间提升问题。本方案通过对闽南文化资源的有效整合，完成锄山村文化产业基地的整体建构，尤其是要立足闽南文化品牌塑造，融汇历史人文、非遗传承、生态田园、绿色康养等核心元素，实现闽南文化创意产业的跨界融合，打造以"厦门市内厝镇锄山村"为鲜明符号的具有国际影响力和辐射力的文化新地标。

创作思路

方案充分挖掘内厝镇丰富的历史文化与特色产业资源，打造集文化遗产保护与传承、红学基地、艺术展览馆、香草园、二十四小时书屋、文化创意产业街区、生态观光旅游和休闲康养于一体的"产城融合"的多功能文化创意产业园区。同时，着眼于大文化发展格局，强调文化业态的空间布局和产业链的合理构建，兼顾内厝镇城乡景观建设、文化旅游发展等综合诉求，切实提升内厝镇经济发展实力与文化软实力。

香草园具有花草公园景观的设计特点，将当代艺术作品装置于园内，作为人文交流互动区。设置儿童活动区、手工作坊等。

国家艺术基金 2019 年度艺术人才培养资助项目成果

林语堂文化小镇创建规划

王幽璇

作品《坂仔镇特色小镇创建规划》

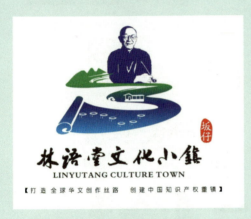

本规划综合分析坂仔镇域内村庄发展条件，以可持续发展战略为指导，以城乡一体化发展为目标，以道路为轴线，以中心村为节点，优化城乡空间布局，立足城区，服务乡村，形成结构合理、层次分明、联系便捷的城乡体系，统筹城乡发展。

本规划整合原有产业发展路线，创建"平和农产品品牌经济创新基地"，以"文创+""IP+"的理念串连各个产业，并突出林语堂先生"世界文学大师"的名人效应，引领农、文、旅产业综合体的创建。

创作背景

以文化旅游和生态观光游为主题，建成以林语堂综合观光区为品牌的区域度假圣地，使其成为平和县旅游产业的重点。

依托优势资源，大力发展文化休闲游、农业观光游和"农家乐"等旅游品种；打造林语堂综合观光区旅游品牌，与三平寺、灵通山景区联合整体宣传；积极打造坂仔镇特色旅游线路，完善旅游服务设施，提升坂仔镇旅游影响力。

创作思路

产业联动：城市旅游、文化旅游、IP 创作、影视、互联网信息产业、农业文创、商贸服务、IP 交易金融等多产业形态联动发展。

城乡发展：旅游消费经济、生活宜居环境、公共服务设施、产业平台建设、周边配套等，促进城乡联合发展。

人才吸引：IP 双创与平台分享模式，以及年度推出的城市 IP 展、IP 论坛、IP 交易、IP 分享大会，将促成多样化人才的引进，如线上与线下实体众创空间、作家村等。

文化提升：小镇将通过"以文会友"的方式吸引文化菁英集聚小镇，逐渐提升整个小镇的文化水准，营造文化氛围。

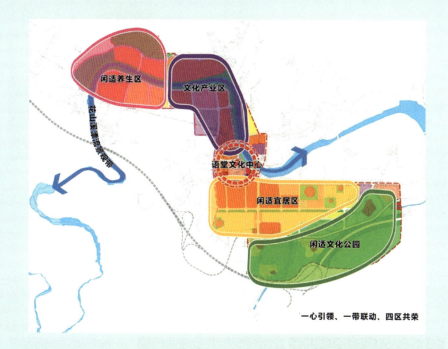

一心引领、一带联动、四区共荣

一心：将林语堂故居作为小镇客厅，结合周边传统建筑，设置语堂文化博览园、语堂文化陈列馆、语堂书屋、语堂故里民俗文化中心等，全面展示林语堂先生的生平、成就、作品等，开发再现林语堂儿时生活场景的体验项目，形成以"语堂文化"为核心的文化展示体验中心。

一带：以花山溪两岸良好生态环境为基础，打造以"逍遥漂、闲适游"为主题的漂流运动。

四区：通过对小镇目前土地功能的梳理，结合小镇发展构想，综合交通区位等因素，设置闲适养生区、语堂文化产业区、闲适宜居区、闲适文化公园四大功能区。

国家艺术基金 2019 年度艺术人才培养资助项目成果

紫清山房：寿山石品牌设计

王　琼

作品《紫清山房》

创作说明

由于寿山石具有稀缺性特征，因而将寿山石产品定位为中高端的文旅礼品，以小品、小件为主，有鲜明的福建地方特色和较高的收藏价值。

紫清山房品牌标识设计结合了"山"字的变形，展现紫清山房产品的文化韵味。"山"形线条体现出寿山石"柔而易改"的特征，古体字与英文的结合使品牌形象既精致古典，又具有国际化的面貌。标志主题用褐色，体现品牌高贵、稳重的内涵。

国家艺术基金 2019 年度艺术人才培养资助项目成果

一款擦漆竹器香炉：地方资源再生产品设计

王忠民

作品《擦漆竹器香炉》

焚香，是中国人一种休闲养生的生活方式。在焚香的整个过程中，人们体验到一种物我两忘、身心合一的超然境界。

创作说明

现代人生活在信息爆炸的社会中，特别是中年人，生活压力巨大。这款简易的香器能让我们在忙碌的生活中得到一丝慰藉。

本款香器以毛竹为香炉体，利用竹节为炉底，以公共版本的铜制吉祥纹样网为香盖，底部垫上防火棉。取自天然的毛竹材料和公共版本的香盖都是降低成本的合理考虑。以上材料都可回归自然，铜制品亦可以回收再利用。

毛竹来自乡村、山林，香炉体可在乡村生产，以解决农村部分就业问题。系统设计融入的漆艺与竹艺产品是传统手工艺再生的重要路径，同时可以促进乡村产业振兴，是一举多得的设计项目。

调研文稿

复兴：宏观视野

探索：实践考察

再生：设计视角

创意文案

调研文稿

[复兴：宏观视野]

历史文化：精神与物质财富之源
——以文化为导向推动乡村古镇复兴

管　宁

一、乡村古镇复兴：文化缘何先导

亚里士多德有句众所周知的名言：人们来到城市是为了生活，人们居住在城市是为了生活得更好。那么，依照这样的逻辑，到城市既然能寻求更美好的生活，是否就能将乡村抛弃呢？如果那样，乡村还需要振兴吗？有关乡村振兴的战略政策还有必要制定吗？事实上，城市的美好离不开乡村的支撑，尤其像中国这样历史悠久的传统农业大国，城市对乡村更加依赖。如果人们都为了更美好的城市而离开乡村，城市亦将失去其根基而走向衰败。因此，为了让城市更美好，必须让乡村也变得美好起来，以乡村特有的美好留住农民，甚至让城市人回流，实现城乡协调发展。

习近平总书记指出："体现一个国家综合实力最核心的、最高层的，还是文化软实力，这事关一个民族精气神的凝聚。"今天，在人们基本生活物资得以保障的前提下，文化作为一种软实力，越来越具有吸引人和留住人的独特魅力。拥有深厚历史文化的乡村古

镇，理应富有吸引力，但为何许多历史文化村镇却处于日益凋敝的
状态？最根本的原因不是缺少文化，而是缺少文化生活——更准确
地说，是缺少依旧被人们掌握、运用、欣赏和消费的活态文化，以
及由此形成的文化氛围。历史文化村镇复兴的关键是以创意设计的
方式和手段去激活、转化、创新传统乡土文化，使其获得新的生命
力，并在与其他产业融合中推动乡村整体发展。

　　众多历史文化名村名镇（以下简称"乡村古镇"）积淀的厚重
文化在未发掘利用之前，似乎只是远离现实的历史闪光和明日黄
花。其实不然，乡村古镇文化是待发掘的宝矿，拥有丰富的智慧宝
藏和生命能量；它是创意设计赖以点化的基石，因而也是其核心价
值所在。乡村古镇的复兴离不开文化的自觉和兴盛，其文化产业的
发展也应当以文化为导向，这是由于文化产业是一个特殊的产业领
域，其产业（市场）价值是由文化赋予的。也就是说，除了文化产
业的意识形态属性决定其必须以正确的文化价值为引导之外，其产
业属性的实现、产品价值的形成，也必须通过文化价值、创意设计
的赋能来完成。从这个意义来看，对于乡村古镇而言，历史文化具
有双重价值：不仅是精神财富，也是物质财富。国务院参事室特约
研究员吴建民认为："人类社会最宝贵的财富是什么？是文化的多
样性。"① 在现代科技高度发达、现代文化占据主流的背景下，乡
村文化的独特气质正是构成文化多样性的重要因素，中国农村千姿
百态的传统村落本身就是多样性的典范。因此，以文化为导向推动
乡村古镇复兴，应当成为乡村古镇保护与利用的落脚点和出发点。
同时，满足广大乡村民众日益增长的美好生活愿望同样离不开文化

---

　　① 黄昌勇、保罗·欧文斯主编：《世界城市（上海）文化论坛演讲录：2012—2015》，
上海：复旦大学出版社，2018 年，第 59 页。

的繁荣。当然，我们也要看到，乡村古镇的衰微与城市工业化的快速发展对乡村资源的虹吸作用不无关系，这是城乡生产力发展不平衡所导致的一个普遍现象。乡村古镇基于农耕文明的传统文化，传统农业（小农经济）的生产体系、传统手工艺作坊的生产方式，在遭遇和面临一个以大工业生产体系为基础的城市化和现代化的时代，无疑会产生种种不适应和矛盾。比如，在农业现代化、手工艺产业化、乡土文化的现代转型过程中，如何摈弃传统文化中的落后因素并运用和发展其具有生命力的因素等。不能及时解决这些不适应和矛盾，也是乡村古镇日渐式微的重要原因。

以文化为导向推动乡村古镇复兴，其意义在于：复兴之前需要以文化的顶层设计来确立发展定位，复兴过程中需要将文化作为重要资源来形成发展动力，复兴之后仍需要把文化放在首要位置，确保可持续发展。乡村古镇复兴所需要的文化包括现代文化和乡土文化，后者扮演着更重要的角色。乡土文化是中国传统文化的母体，也是中华民族文化本土特征最鲜明的体现，更是中国文化最深厚的土壤与原乡。在现代化进程中，尽管城市化带来现代文化的传播与繁荣，乡村文化呈现日益式微与衰退的趋势，但在中国城市人的精神世界中，乡村、乡土文化依然隐伏于人们意识的深层，所谓城市现代文化便也带有或多或少的乡村文化印迹。由乡村记忆构成的乡愁，具有来自乡村的城市新移民精神世界的底色，也使来自乡村古镇的"非遗"文化创造成为相当一部分城市人喜爱的文化产品。从这个意义上看，在中国这块土地上，城市现代化乃至后现代化的发展，离不开乡村的振兴，更离不开乡土文化的滋养。费孝通先生提出"乡土中国"的概念，认为中国社会具有鲜明的乡土性，中国的许多阶层都是从乡村中分离出去的，在漫长的社会发展过程中，农民所形成的行为习惯和人际关系，以及农村社会中的一些特色，就构成了许多阶层乃至中国社会的根基，其中包含熟人社会、传统礼仪和规矩、讲求信任与本心等，形成人脉文化、人情文化，并深刻影响和规约着城市人的行为。费孝通的深刻分析，正表明乡土文化之于中国经济、社会发展的特殊意义和作用①。事实上，乡土文化在更深刻的层面上体现着中国人的传统文化心理结构。

从这个角度看，具有乡土特质的历史文化是乡村古镇复兴的第一资源。十九大报告提出乡村振兴战略的总体要求是"产业兴旺、生态宜居、乡风文明、治理有效、百姓富裕"。其中虽然没有直接提到文化，但"产业兴旺"和"乡风文明"离不开文化，离不开文化智力支撑和文化生产力，"百姓富裕"也离不开文化艺术的繁荣和精神生活的丰富。为此，中共中央、国务院在随后发布的《关于实施乡村振兴战略的意见》中，提出了七项基本原则，文件第五部分强调："传承发展提升农村优秀传统文化"，"深入挖掘农耕文化蕴含的优秀思想观念、人文精神、道德规范，充分发挥其在凝聚人心、教化群众、淳化民风中的重要作用……支持农村地区优秀戏曲曲艺、少数民族文化、民间文化等传承发展"。文化成为乡村振兴战略的重要组成部分。因此，用创意设计推动乡村古镇保护与利用是乡村振兴战略的题中应有之义，以文化为导向是确保乡村古镇得以妥善保护的前提，也是传统村落实现文化兴盛和可持续发展的前提。

但是，文化导向具体包括哪些内涵？在实践中如何体现文化的在地性和独特价值？在产业发展中如何借力文化资源？这些值得我们深入思考与探讨。

首先，以文化为导向，最重要的是提升文化自觉，重视文化的

---

① 费孝通：《乡土中国》，上海：上海人民出版社，2007 年。

精神价值与物质价值，树立正确的保护观、利用观，同时在宏观层面、理论层面、政策层面、实践层面、操作层面都能以先进的价值观为指导，体现正向发展的能量，提高可持续的能力，增强渗透性的能级，提升创新创造的能耐。

乡村古镇的振兴显然不能依赖传统农业，必须有现代农业生产体系的构建、现代服务业和其他产业的植入。一方面需要吸引人才、资金、项目的条件，包括乡村生活环境、教育条件、公共服务体系的完善等；另一方面需要当地村民的文化自觉、产业诉求，以及对现代生活方式的向往。缺乏当地村民的支持与配合，乡村古镇就难以调动复兴的内在动力和实现外来项目的落地。因此，当地干部、村民的现代文化启蒙和文化自觉是关键，这种启蒙包括文化遗产价值和保护意识、农耕文化在现代市场体系中的地位、传统文化与现代文化对接融合的意义等。同时，启蒙还是激活现存历史文化资源、实现文化资源向文化资本转化、推动乡村三产融合发展的重要前提。尽管随着乡村交通、通信和文化设施的不断完善，现代文化的传播已相当普及，但由于乡村古镇青年群体的缺乏，常住人口的文化素质和观念意识依然存在与时代发展不相适应的状态。因此，文化观念的转变对于乡村古镇的复兴至关重要，这种重要性还可以在现阶段城镇化进程的大背景下来考察。当城市化高速扩张到一定程度，城市规模过于庞大而引发一系列城市病，出现日益明显的发展瓶颈时，乡村的重要性将逐渐凸显。后城市化时代，乡村的价值地位和建设方向将被重新认识和定义，乡村古镇的文化价值与意义也将被重新唤醒和再现。

其次，以文化为导向，可以确立中国传统文化中顺应自然、纯任自然的发展理念，充分注重和发掘乡村包括人文地景、自然环境在内的乡土资源，构建区别于城市的文化形态与产业形态。唯有如此，乡村古镇生态环境才能得到保护，乡土文化才能得以存续，乡村经济才能得到健康发展，乡村治理才能得以增强，乡村百姓福祉才能获得保障。

乡村的自然地理、天地物候、人文传统所构成的乡土文化的独特性，决定了乡村古镇发展需要科学理念的指引。乡村振兴价值目标的设立关系到振兴之路能否符合历史逻辑、文化逻辑、产业逻辑和社会发展逻辑。乡村古镇建筑及其布局上形成的历史格局、脉络肌理，是其最重要的文化存在和价值体现。"从中国建筑所反映的哲学意识、伦理观念、文化心态、美学精神、审美意境、建筑观念、设计思想到设计手法、设计规律、构成机制等等，各个层次、各个环节都有许多值得思索的课题。"[1] 乡村古镇建筑不仅是中国建筑的重要组成部分，而且有着区别于宫廷、城市、园林建筑的独特美学。这些建筑和街巷的破损、坍塌与消失，意味着乡村古镇历史文化价值的式微与消解，保护、修缮这些建筑就是保护古村落的核心文化价值。然而，这些村落古建筑毕竟形成于农耕时代，是适应传统农业生产、农耕生活、手工劳作和乡村日常生活习惯的人居建造，与现代农业生产、现代生活习惯存在诸多不相适应之处，这是我们必须面对和需要努力解决的一个矛盾。但这决不是我们将乡村改造成城市、将古镇改建成现代商业住宅区的理由，而是必须正视这一矛盾，积极探索传统乡村民居如何既传承建筑文脉又适应现代生活的需要，乡村基础设施如何顺应现代农业生产体系构建、适应乡村文化旅游及乡村产业的其他发展需要。这种适应，同样离不开基于先进文化理念的顶层设计和发展理念，比如，以保护传统民居建筑为前提的现代生活空间的营造，以古建筑为载体尽量保留乡

---

① 侯幼彬：《中国建筑美学·前言》，北京：中国建筑工业出版社，2009 年。

村传统生活方式，以延续传统建筑文脉为原则的乡村新民居的设计建造等。在软环境建设方面，乡村新民居设计以保留传统生活习俗、乡风民情为导向，融合现代文化与生活方式，实现乡村传统习俗与现代精神的对话与交流、融汇与互补。文化导向的弱化和文化理念的偏差，要么导致乡村古镇的建设性破坏和开发性毁损，要么导致空心化加剧和自然性消亡。先进、正确的文化理念，能够引导政府制定有效的政策举措进行乡村古镇复兴的顶层设计，能够积极有效地发掘古村落文化价值和内在活力，能够吸引专家学者和企业家进行智力与资本的投入，能够改变人们的生活观念、创业观念，形成重返乡村的潮流；也唯有坚持先进的文化理念，才能保持乡村古镇的基本风貌，才能再造乡村生活具有现代文化气息的现实活力，才能让乡村生活形态成为现代社会生活形态的一个重要形式，才能让村落成为人类居住模式、生活方式多样化的重要保障。

最后，以文化为导向，不仅是乡村古镇保护发展应当遵循的一种理念和思路，而且是文化产业发展应当坚持的一种姿态与方向。文化产业发展若以产业为导向，往往造成对文化精神的扭曲、文化品质的损害、艺术品位的下降，最终使产业走向末路。以文化为导向是提升产业发展的民族素质、精神品格、设计格调乃至思想高度的前提，因而也是国家富强兴盛的内在要求与根本标志。

要推动新时代文化产业高质量发展，首先要厚植文化发展的土壤，培育尊重文化、热爱文化、崇尚文化的社会氛围，这也是文化自觉的内在诉求。一方面要依赖教育改革以提升人文素质培养水平，另一方面要促进文化市场发展，创造文化消费习惯养成的基础和前提。当然，文化产业的高质量发展包含多方面内容。与一般物质产品的高质量发展应当以高科技、新工艺为基础的高品质转向不同，文化产品的高品质除了包括技术、制作的高品质，更包括价值理念、艺术审美、趣味格调等精神方面的先进性、导向性和高雅化。文化产业的高质量发展离不开水平一流的文艺创作队伍，离不开质量一流的文艺精品。文艺精品既是文化创造的原动力，也是造物文化附加值和影响力的核心来源；既是游戏、旅游等相关产业知名 IP 产生的温床，又是生活品质格调与健康生活方式的重要支撑。在文化产业跨界发展的态势下，IP 产业价值的生命力和价值链将不断延伸扩展，成为新兴文化科技产业、文化衍生品产业及新商业模式形成的重要动力。不仅如此，作为精神文化产品的文艺精品，还为造物文化的设计提升提供了重要的美学资源和设计灵感，制造业的全面转型升级离不开一流的创意设计。设计大师则往往应首先是艺术大师、文化大师，拥有深厚的文化艺术素养。当代国际著名设计师通常都是具有高度艺术修养的文化人。而众多国际著名品牌在设计上为了融入更深厚的文化艺术内涵，开始更多地寻求与知名艺术大师的合作机会。国际著名艺术大师、设计大师的存在，往往决定了一个国家包括奢侈品、日用品在内的工业设计及工艺美术等的发展水平，也往往标志着一个国家或民族的设计文化高度。发达的现代制造业不仅体现着一流的技术和工艺水平，而且显示着一流的设计文化和美学思想，甚至能展示出一个国家和民族的精神特质与灵魂。高水准、高品质、高格调的文化产品背后一定拥有体现人类终极价值的文化理念，而终极价值观恰恰在最深刻的层面展现着人类的普遍追求和理想。文化产业的高质量发展，不能仅仅体现在卖出多少一流水准的产品、产生多少数值的利润，更重要的是让消费者认同产品所传递的美学意识、价值观念及生活方式，而这恰恰需要先进文化理念、深厚人文底蕴的支撑。

二、文化先导：主旨的逻辑展开

以文化为导向就是突出文化的引领性、主导性地位，强调文化优先原则和对产业活力的激发作用、赋能作用，强化以文化人、以文育人、以文促产的功能。这些功能的实现需要在实践层面建立起一个逻辑性的展开，即从顶层的设计开始，确立符合时代要求、社会伦理、文化规律、消费需求的发展理念、正义伦理，推动文化的正向发展及其与相关行业的融合发展。

（一）确立发展伦理

不论是文化产业还是乡村古镇的发展，都不能仅仅为发展而发展，而要将发展的目的、方向及对一个地区乃至国家的价值意义作为前置性条件加以审慎思考与精心谋划。以文化为先导的发展思维有助于确立合乎时代要求和主流价值观的发展伦理，形成以人民为中心的价值立场，体现以人为本的人文精神诉求，遵循真善美的价值取向，坚持基于正能量的价值引导，使人们在社会经济文化活动中自觉秉持道德操守，促进人类社会有序发展。今天，人们已经积累了不少关于乡村古镇复兴的经验与知识，但"面对世界的态度比掌握知识的多少更重要"①。文化自身发展伦理的确立，既在于要正确把握历史传统与时代精神、民族文化与外来文化、精英文化与民间文化等之间的关系，也在于要正确把握社会效益与经济效益、发展速度与发展质量、高雅趣味与大众娱乐、自然环境与人文环境等之间的关系。

---

① 王澍：《造房子》，长沙：湖南美术出版社，2016年，第15页。

从乡村古镇的发展来看，以文化为先导有助于确立长远发展观念，并从最基础和最根本的问题与环节着手，一方面确立乡村古镇的特殊文化风貌以形成区别于城市的发展路径，另一方面摈弃急功近利的粗放式开发文化资源的做法，还要注重文化发展对乡村良好社会风气的促进作用。乡村古镇的复兴，关键在于提高人的素质，树立文化为本的意识，为保护、挖掘古村落文化精神和艺术元素奠定基础。当务之急在于保护历史建筑遗产、手工业传统和农业文化遗产，牢固树立保护优先意识和原则。保护固然需要资金和产业支撑，但决不能以损害、侵蚀文化资源，阻断、隔绝传统文脉来获取经济的发展。乡村留住了文化遗产就留住了最有价值的东西和最大的文化资本。乡村古镇是深厚历史文化富矿的重要载体和蕴藏地，长期的农耕文明孕育了乡村的信仰体系、民俗体系、道德体系、手工艺体系、生活美学体系等民间民俗文化系统，其中不乏富有艺术价值和生命力的"非遗"文化，它们在文脉传承、文化创新中显示出城市现代文化不可替代的特征与作用。一方面，这些文化遗产依然具有文化生产能力和市场空间，是村民生计和乡村产业的重要来源和支撑，也是推动当代中国发展的不可或缺、不能忽视的重要驱动力；另一方面，"非遗"与旅游的结合、手工艺与现代设计的结合，是当代文化创新发展的重要组成部分，能够为现代艺术设计、工业设计提供本土化的独特文化资源，以此构建中国本土现代设计体系，进行民族化的可持续性战略设计。

确立发展伦理不但能正确引领发展方向，有效发掘传统文化价值，激发现代文化创新，而且能从时代进步的角度确立发展理念和批判视野。面对传统文化在传承中遇到的问题，我们不能以回到传统的方式去继承传统，而应当以文化发展的方式来解决传统文化的现实困境及现代文化的走向问题。强调以文化发展的方式继承传统，其意义在于它凸显了文化与社会、经济乃至科技发展的同步性，体现了文化与时俱进的历史跟进理念，甚至还体现了文化所具有的未来意识与前瞻性。这不仅符合文化自身借助发展而体现其生命力，而且符合传统文化伦理价值生命在现代社会延续的现实诉求。传统文化如何与时代发展同步？现代化进程中如何实现文化的现代化？乡村古镇留存的农耕文化如何适应现代农业、现代乡村手工业、现代乡村服务业，以及与城市文化的同步发展？这些都需要我们在发展中去探索、去实践。今天我们已经在优秀文化传承方面取得了很大进步，这些进步无一不是艰辛探索和实践的结果，未来我们还要继续这种探索。但如何保证这些探索的科学性、合理性？如何确保文化创新实践符合文化发展规律和时代要求？这就要建立批判性视野，借助科学的、经常性的辩证反思，不断对文化及文化产业的发展方向进行审视、反省和评判，不断进行纠偏、调整、改进、完善。比如，经过探索和实践，我们应当对传统文化保护继承中建设性破坏发展方式进行反思和纠正；对继承发展中的创造性转换方式进行调整、优化。要从传统文化嫁接式的转型转换为创新式的转化，既注重传统的硬转化，也注重传统的软转化，即在深刻理解传统文化审美与内在精神的基础上，结合当代社会、经济、科技的现实条件与需求，创造性地传承和运用先人留给我们的宝贵遗产。这种批判意识的确立，同样需要建立在鲜明的文化伦理价值取向基础之上。

（二）丰富产业内容

文化发展伦理解决的是发展的价值立场、目标方向、行为原则等问题，是确立文化自信的心理依据、动力源泉，简言之，解决的是文化发展理念及保障理念的先进性问题。以文化为先导，既有助于确立文化发展伦理，又有助于明确文化自身的价值方位和主体品格，还有助于确立文化价值的实现方式——文化应当以价值输出、意义生产、审美展现、精神传播等方式实现其价值，而不能以资本裹挟、利益绑架、商品附庸、低级趣味等方式来实现。

文化产业的发展应当坚持先进价值导向，突出人文精神，坚持内容为王，坚持人本内涵。在大数据、互联网、人工智能飞速发展的今天，文化传播的渠道与效率得到极大的扩展和提升，而传播内容处于相对匮乏的困境。以文化为先导，充分发掘东方古国的文化富矿，激活尘封的文化遗产，是丰富传播内容、丰富产业内涵的有效方式。乡村古镇的发展，产业兴旺是先决条件，但乡村文化产业的发展离不开对在地文化的深入挖掘与合理利用，也离不开当代文化的有机植入与导引。乡村古镇深厚的文化积淀可为文化产业及其他产业的发展提供丰富的精神内涵，借助新颖创意和现代设计，为产品的丰富性提供不竭的源泉；借助现代艺术观念和视野，对乡村古镇进行文化再提炼、再发现、再创造。乡村古镇传统手工艺就是一个文化富矿，在今天却面临式微、消失的境地，幸运一些的被博物馆收藏，不幸的已经接近消亡，只有少数能够存留于当代日常生活中，或作为元素构成被运用于现代产品设计。乡村古镇传统手工艺随着乡村青壮年的流失和市场的急剧萎缩，其生存的物理空间被掏空、文化生态遭侵蚀、群体聚落被消解，致使若干年前还轻易能够做出的精致手工产品，现今已然无人承继，即便市场有需求，也难觅手艺高明的传统工匠。因为，乡村古镇中"多数年轻人已经与乡村隔绝，与伴生的根部文化决裂，传统造物文脉在他们个性与身份塑造中的烙印已经消解，失去与土地联系的大多数人的文化品质，如同培养液里靠人工培植的水生植物，尽管外表繁荣，实则心无所依"①。挽救与发掘传统手工艺，在认知上的强化尤为重要。中央电视台摄制的纪录片《中国手作·木作》把传统手工艺本身作为现代影视题材进行创作，不仅生产出优秀的影视作品，而且借此提升了人们对传统手工艺的认知，有助于当代人重新发现其价值，这是推动传统手工艺复兴不可缺少的环节。实践性的复兴也已经在越来越广泛的领域展开：博物馆展示与体验性演示成为丰富旅游内容的重要方式，手工艺产品品质提升与品牌打造繁荣了旅游纪念品市场，传统技艺的恢复完善为现代工艺品和工业设计提供了取之不竭的创意元素与灵感，手工艺传递的智慧之光和工匠精神延续了源远流长的中华造物文脉。乡村古镇传统建筑文化是构成其历史文化价值最重要、最直接的部分，其中的建筑造型、营造法式、空间布局、装饰美学、园艺景观等充分体现了村落先民"独特的哲学思想和构造体系，是极有价值的文化财富"②，并且蕴含着制度文化、礼仪规训、家风家训、人格修为等一整套乡土文化体系，是值得珍惜维护与传承利用的，其当代价值需要被重新认识、发掘建构和转化利用。

（三）提升产品附加值

乡村古镇的发展离不开文化品牌的打造和影响力拓展。乡村古镇的振兴是一个综合性、整体化的系统工程，乡村特色文化产业的发展只是系统工程中的一个组成部分。文化产业作为乡村古镇复兴的基础支撑，涉及农业、农产品加工业、手工业、旅游业（包含餐饮、民宿）等多个领域，甚至可以通过资本运作打造互联网、游戏

---

① 叶朗：《北大文化产业评论（2018 年）》，北京：华文出版社，2019 年，第 62 页。
② 中国民族建筑研究会：《2017 年中国特色小镇与人居生态优先规划建筑设计方案集·前言》，北京：中国建材工业出版社，2017 年。

动漫、艺术聚落、生态小镇等主题特色村镇。在供给侧结构改革的背景下，文化创意、设计服务与相关产业跨界融合已成为我国乃至世界经济发展的重要趋势。以文化为导向，是实现相关产业提质增效、提升附加值的重要途径。

以文化为导向，能够对乡村古镇的传统文化进行有效保护利用和创新转化，形成更加丰富多样的产品。被激活的传统文化与不断创新的现代文化，一方面能够带给乡村古镇新的文化氛围和文化活力，另一方面能够形成越来越多的文化品牌和 IP 资源，成为与相关产业融合并提升其附加值的重要文化资本。在这个过程中，乡村古镇借助强化产品创意设计，丰富产品类型品种，细化分众市场，还可以在产业领域形成富有文化内涵的系列品牌。这就需要在强化文化内涵的前提下，融合传统工艺与现代设计，融合文化与其他产业，融合在地资源与外来元素，融合传统民俗与当代生活，开发和培育基于本土文化特质的品牌。这不仅能提升各类产业的附加值，而且能不断增强区域品牌的影响力与竞争力。事实上，这也是优化产业结构的过程。乡村振兴需要依据各自特定的资源禀赋和商业机遇，借力于科技、资本、人才等资源形成不同的产业优势、商业模式和发展形态。但在历史文化资源最为丰富的传统村落，应当以文化为基，以文化为魂，将文化作为产业发展和优化的重要智力资源、驱动要素；即便相关产业发展形成一定的规模，也不能放弃对本土文化的保护和利用，而要善于将在地传统文化融入不同产业之中，有意识地打造富含本土文化基因的产品和品牌，这也是确立产业特色、产品特质的有效方式之一。要将传统农业纳入现代农业体系之中，在生产方式上构建现代农业产业体系、生产体系、经营体系，使小农业向市场化、商品化的大农业转化。乡村古镇复兴，除了需要调整乡村生产关系之外，关键还有赖于另外两个方面的因素：科技之维与文化之维。科技之维往往呈现出对产业突破性跃进的作用，文化之维则呈现为对产业渐进式提升的效果。在许多时候，作为文化的重要组成——设计往往比技术本身更重要。"对于所有因其文化原因而注重技术创新的人们，我们需要强调，设计才是运用他们技术的强大因素"，"设计通常是创新的中流砥柱"[1]。在农业科技发展水平相对稳定的时期，文化创意就拥有对产业拓展和价值提升的重要作用。创意设计的全面、深刻介入，不仅能提升产业的附加值，而且能有效优化乡村产业结构，为乡村古镇的社会与环境治理提供良好基础。只有以文化为导向，借助创意设计打通第一、第二、第三产业，推动乡村古镇产业整体融合发展，才能够真正实现从生产到生活的活力再造。

　　以文化为导向还应有具体的落地方式。在此我们特别强调要充分意识到设计文化赋能乡村各产业的实践性价值和作用。不论是乡村古镇的整体营造，还是文化及相关产业的复兴繁荣，都离不开设计文化的支撑。从环境到人居，从产业到产品，没有基本的设计文化普及，乡村除了自然景观尚有魅力之外，村落中的人居环境和文化氛围将永远处于粗陋杂乱、衰败沉暮的境况，甚至原本美丽的自然环境也会被毁损。因为"设计文化的缺乏造成了审美文化的普遍缺乏（美、风格、品位、图文、色彩……）和越来越多的技术和工业文化的缺陷"[2]。设计文化对环境规划、风貌保护的治理和社会风尚、生活美学的营造，对创意农业、传统工艺的赋能和产业转型、产品品牌的提升，都发挥着不可或缺的重要作用。继中共中央办公厅、国务院办公厅于 2018 年 2 月发布《农村人居环境整治三

　　① 米歇尔·米罗：《完美工业设计：从设计思想到关键步骤》，王静怡译，北京：机械工业出版社，2018 年，第 22 页。

　　② 同①，第 16 页。

年行动方案》之后，住房城乡建设部于同年 9 月出台《关于开展引导和支持设计下乡工作的通知》，强调要引导和支持规划、建筑、景观、市政、艺术设计、文化策划等领域设计人员下乡服务，大幅提升乡村规划建设水平。浙江省早在 2017 年就出台《关于推广驻镇规划师制度的指导意见》，现已实现全省 1191 个小城镇规划师全覆盖，其中尤为重视对乡村工匠、乡土创意人才的培养，意义深远。浙江省还出台了推进特色小镇、美丽乡村建设等一系列政策意见，体现了从顶层设计和设计文化普及角度对乡村建设的战略考量，显示出以文化设计引领乡村发展的先进观念，也因此成为全国乡村古镇规划保护、复兴发展的先进省份。

（四）解决发展不充分

乡村古镇的复兴，表面看是乡村经济、社会发展滞后于城市，但其核心问题在于乡村文化发展的滞后与不充分。主要表现为人的文化觉醒与文化自觉的不充分、不到位，更具体地说，是对乡村古镇文化价值认识不足：既不能从历史和传统角度去看待乡村古镇文化对于中华民族文化的独特意义，也不能从长远角度和宏观视野去看待乡村传统文化的现代价值，而更多地把乡村传统文化看作落后于时代、隔离于城市、脱节于生活的正在衰弱、消亡的文化。乡村传统文化自信的缺失，必然导致人们无法意识到乡村古镇文化在体现和延续中华传统文化中的重要作用，也无法意识到在现代化进程中保存文化多样性、凸显文化独特性、焕发现实生命力的意义与可能。因此，乡村古镇的复兴，势必要从增强乡村干部、村民的文化自觉入手，唤醒他们对乡村传统文化的保护与运用意识；同时要提升全社会对乡村古镇文化价值的认识。只有在这个基础上，规划设计、文化创意、金融资本的导入才有意义，才有激活古老农耕文明的实践基础。

当然，解决乡村古镇文化发展不充分无疑是一个复杂的系统工程，也是一个需要假以时日的过程。乡村古镇文化的复兴，需要在民众意识、社会认知、商业运营和政府推动等多个层面和途径展开才能得以实现。以文化为导向，就是要聚焦乡村传统文化这个核心，系统、全面、深入挖掘包括工艺文化、民俗文化、农耕文化、在地文化（包含在地生态文化、动植物文化）等在内的乡村精神文化和造物文化，深刻把握、梳理、提炼其中蕴含的生产、生活智慧结晶和生存、生态哲学思想。从造物文化流脉整体来看，人们可充分感受传统造物文化所贯穿的人与自然和谐共处的哲学思想。从古村落建筑中，可挖掘古代人民因地制宜、就地取材的建造理念，汲取依山就势、依水布局的规划思维，传承空间美化、室内装饰的人居美学；从传统手工艺中，可体察民间造物手巧工细的匠心技艺，探寻融入生活的人文气息，寻觅失传秘技的奥妙机巧；从乡村民间美食中，可发掘精致巧妙的烹饪美学，汲取靠山吃山、靠水吃水的生存智慧，提炼取材有法、搭配有方的辩证思维；从乡村民间文化中，可探寻文艺传统的原生形态，体察乡土文化的美学情趣，发现民间艺术的生命活力；还可从村规民约中汲取乡土民间的社会管理思想，从民间习俗中探寻村落生产与生活的组织方式等①。总之，当我们以文化的眼光去看待乡村古镇文化，看到的不仅是满眼的宝藏，而且能看到文化自信的根基，更会增强对本土文化的认同。

解决乡村古镇文化发展不充分问题的另一个意义，在于能促进城乡的协调发展。城乡发展不平衡除了表现在经济方面外，另一个重要方面就是乡村文化的欠发达，也正因如此，在很大程度上制约

---

① 李荣启：《民俗类"非遗"在当代的保护与传承》，《艺术百家》，2018 年第 6 期。

了乡村经济的发展。补齐乡村文化的短板，不能仅靠公共文化服务的完善，尽管"乡村公共文化空间是村民公共文化生活的重要载体，公共文化空间的数量、内容和形式决定着村民的文化生活质量"①，但这只是一种供给式的文化，难以形成文化发展的内生动力。因此，还要将文化作为一种生产力资源，导入乡村古镇的特色旅游、创意农业、养生休闲、新型手工艺等各领域，不断活化乡土文化，丰富乡村产业内涵，充分发挥创意设计的赋能作用，提升相关产业附加值。总之，要以文化自身魅力唤醒人心，以创意设计激活产业，以生态文化促进环境优化，以新型乡村文化提升文明，创造福祉。

三、乡村振兴：基于当代复兴的若干思考

如何使广大乡村古镇成为当代生产生活的重要空间，形成与城市互补互动的产业基地、资源腹地、生态福地，是解决乡村古镇复兴乃至乡村振兴的关键问题。这一问题的解决，不仅能使乡村产业发展兴旺，而且能使乡村文化得以复兴并形成有自身独特魅力的文化空间。从众多被列入中国传统村落、历史文化名村名镇乃至世界文化遗产的乡村古镇来看，它们在历史上除了产业兴旺、商贸繁盛之外，都拥有繁荣发达的地方戏曲曲艺、民间工艺、乡土艺术，其底蕴之深厚、根基之稳固、影响之久远，已然成为中华民族文化赖以存在和发展不可或缺的沃土。因此，以文化为导向推动乡村古镇复兴，便是从兼具经济价值、社会价值和文化价值的古镇历史文化

---

① 张培奇、胡惠林：《论乡村振兴战略背景下乡村公共文化服务建设的空间转向》，《福建论坛》（人文社会科学版），2018 年第 10 期。

入手，撬动正在板结和失去活力的乡村传统生产、生活形态，使其走出当下困境，实现现代条件下的甦醒。

（一）分类施策，分级营造：从千村一面到千村千面

我国不同区域的乡村古镇从其历史形成格局看，几乎无一例外都具有统一的建筑风格、独特的室内装饰、合理的村巷肌理、自然的山水格局、丰富的物产农作、精巧的传统工艺。这些历史文化遗存之所以能成体系地形成并维系至今，与先人依据独特的地理、环境条件及生存与建造理念进行精心规划布局、潜心构筑营造是分不开的，也因此形成中华大地上东西南北各具地域特色与风貌的乡村古镇。乡村振兴首先要充分保留各地古村镇自身特点，在全面强化规划、设计的前提下，以保护优先、合理利用为原则，实行政府保护为主，民间社会保护为辅，探索多元化保护方式，"鼓励采取村民自保、私保公助，产权转移、公保私用，认领、认养、认保等方式"[①]，建立和形成多元化、社会化、转移性的传统村落保护机制。乡村古镇形态和产业形态的多样性，决定了保护和发展方式的多样性。一个区域的乡村古镇或许在建筑上有雷同之处，但村落肌理、历史人文、地景风貌、植被物产等都存在不同程度的差异。因此，要深入考察、仔细梳理、分类施策。解决千村一面问题，关键在于以文化视角确立差异化发展模式，提炼村落核心文化特征和资源禀赋，找准关键性问题，以系统性、整体化的方式，形成战略性解决方案。如维护在地村落整体面貌与建筑特色，形成"浙派民居""徽派民居""闽北民居""闽南民居"等各具特色的传统村落。根

① 参见《浙江省人民政府办公厅关于加强传统村落保护发展的指导意见（浙政办发〔2016〕84号）》，浙江政务服务网，www.zjzwfw.gov.cn.

据对乡村古镇地理区位、交通设施、市场规模等的评估，精准定位、细分客户、分级营造，形成不同乡村古镇在发展模式、规模体量、客户群体、产品特质、服务方式等方面的错位与差异发展。

（二）聚焦传统，对接当代：从农耕习俗到当代生活

不同地区乡村古镇的形成，在历史上往往有其特殊的优势产业、在地传统手工艺和农耕文化习俗。工业化转型之前，它们不仅具有繁荣的市场，而且有活跃的地方文化生活。随着工业化和后工业化时代的降临和推进，也随着现代农业的发展与成熟，这个延续了数千年的活态的生产生活体系被打破甚至被肢解，仅留下难以为继的余脉和静态的历史遗产。如何给这样一份历史遗产注入新的活力，是我们今天需要深入思考的问题。寻求解决之道，既要关注乡村古镇物质性遗存的延续，更要关注其传统生产技艺和当地生活习俗的传承。后者事实上决定着前者是否还能体现当代价值，实现活态保护。不被合理利用的保护无法真正呈现文化价值和保护意义，也无法真正赋予乡村古镇活的灵魂与永久生命力。出路就在于如何按照现代产业规律和文化发展规律去推动传统与当代的有机对接、融合。

在漫长的历史过程中，乡村古镇的农耕生产方式形成了特有的生活与劳作习俗。这些习俗随着现代化进程和现代文明的发展，逐渐失去了存在的根基，有相当一部分面临不可挽回的衰弱境况。尽管其中不少是非物质文化遗产，需要保护，但由于其赖以存在的生产生活体系的瓦解和消失而无法以原生的方式得以保留，其命运是要么进入博物馆，要么以现代转身的新形式继续存在。因此，对接当代就是要处理好生产生活环境保护与生产生活方式保护之间的关系，做到二者并重。以文化为导向的保护，就应当一方面尽可能保

留那些仍然有生命力的农耕习俗，维系支撑其存在的生产生活系统，形成乡村特有的文化氛围和气息，以区别于城市生活；另一方面积极寻求传统农耕习俗与当代生活习惯的连接点、呼应点，从农耕习俗出发，进行有机、合理的当代改造和演变，使之逐渐融入当代生活，并形成新的乡村生产生活模式和传统。传统乡土文化中蕴含着丰富的绿色生态思想，体现了"天人合一"的哲学理念，以及顺应自然、利用自然的规划建筑思想。例如，作为世界文化遗产的丽江古城，在城区布局上充分利用地形地势，依水而建，贯通溪流，网状布局，不仅解决了水源问题，还极大地方便了人们的日常生活用水。而我们今天许多地方的郊区房地产开发，往往大动土木、挖山毁树、阻断溪流、破坏生态、影响景观，背离了传统城镇科学的、生态的构建理念。

农耕习俗向当代生活的转化，不只是单向度地与城市对接，更不是模仿城市，而是要有意识地创造当代农耕文化和习俗。在这个定位和认知基点上，还可进行城市生活的反向植入与对接，即将当代城市生活方式乡村化，以乡村的方式改造和体现城市文化，并以此满足城市居民入乡生活的体验需求，使乡村成为散发乡土气息的现代生活空间。如果我们将乡村城市化，把广场、公园、草坪、喷泉、马路等城市景观生硬植入传统村落，不仅会直接构成对乡村古镇的破坏，而且会将乡村变成城市的飞地和微缩版。

（三）立足在地，培植品牌：从乡土资源到在地创生

乡村古镇建设立足在地，须突出包括建筑、道路、水系、池塘、庭院、物产等在内的在地元素，充分利用乡土资源进行创意设计，凸显具有鲜明识别度的在地符号与文化基因；同时适当融入外来和现代元素，赋予乡村文化新内涵、新形式。在这个过程中，我

们应当依据乡村的资源禀赋进行分类定位、细化设计。对于本土文化特征突出、在地依存度高、不易走向国际的乡土资源，品牌定位应针对国内乃至区域消费群体；对于虽源于乡土但具有现代特性和生命力的乡村资源，可面向国内外消费群体进行创意设计，培育国际知名品牌。

乡村古镇资源的在地创生和品牌构建，不可避免要借鉴国外现代设计经验和语言，这也是赋予传统乡村文化现实生命力的重要方式和途径，但也要高度关注当代中国的伟大创造和丰富实践，从中提炼和形成具有当代中国特质的创意设计和造物美学，以充分体现21世纪的中国对世界文明的新创造、新贡献。以乡土资源进行在地创生，多样化、开放性的探索格外重要。乡土文化资源之间的互动融合是激活其生命力的途径之一。传统"非遗"技艺可以依据现实生活需要和技艺的可能进行嫁接融合，如银饰锻制与漆艺的结合、农民画与漆画的结合、竹丝镶嵌工艺与白瓷烧制技艺的融合等，可以产生新的产品形式。乡土文化与现代文化的融合则是创造性转化、创新性发展的主要途径，是实现在地资源活化并融入现代生活和生产的重要方式。如"绿竹翁"品牌以传统竹编工艺为基础，关注当代日常生活所需，运用现代设计语言设计出一系列适合当代人日常生活习惯的竹艺及日用产品，有的产品还具有一定的后现代风格。还有一种方式，尽管也立足在地乡土资源，却淡化地域性色彩，仅仅提取其经典的元素进行现代设计，并依据一定设计理念形成具有国际化特征的产品品牌。如爱马仕的子品牌"上下"，其核心文化元素来自中国民间工艺和文化符号，并没有明确的地域特点。这些文化符号经过造型、功能的转换而成为不同文化背景的消费者均可接受的国际风格。这些方式和途径，都离不开对乡土文化资源的深入发掘和悉心探究。唯有如此，才能内在地传递乡村在地文化美学特质并进行有效的转换，才能既拥有时代印迹，又凸显创新体验，使产品和服务源于在地元素，又不局限于在地，进而以在地为依托和土壤进行新的创造，借助经过现代设计语言转换的传统文化，立足于面向当代、指向未来、无限开放的在地和本土，由此才能培植打造真正的现代产品品牌。

（四）设计引领，跨界融合：从功能需求到文化体验

乡村古镇的复兴不仅依赖于对自身历史文化资源的保护和利用，而且是与城市各领域的发展密切关联、协调互动的过程，是一个需要城乡互动协调的系统化工程。以设计为引领，除了要实现村落分类施策、分级营造的基本目标，还应当在更宏观的层面引入城市视角和跨界视域进行整体性的规划设计。城市视角的引入，即在考虑乡村自身需求的过程中，使城市成为乡村创意设计的智力来源和资源产品的市场空间，同时充分考察、分析现代城市人对乡村的想象和诉求。例如，绿色设计虽然也适合于城市，但从生态宜居角度看，绿色设计更易于在乡村落地实施，也更易于构建符合现代城乡居民向往的新乡村。这就要求我们对乡村自身资源优势、产业禀赋有宏观的整体把握，这决定着我们对乡村古镇发展定位的科学性，也决定着我们要以前瞻性的洞悉处理好城乡互补性需求，最终实现城乡的良性互动、共生发展。在此前提下，跨界视域的引入则是在实践上、操作性层面上全面推动乡村古镇文化资源与包括城市在内的相关产业的融合。跨界融合不仅关系到乡土文化载体的更新和影响力的拓展，也关系到日渐式微的传统"非遗"文化生命力的激活与再造；不仅能促进农村第一、第二、第三产业融合发展，也有助于整合城乡之间的产业资源与市场资源。

以设计思维去把握乡村文化创意与相关产业的融合问题，有利

于我们在更加开阔的视野中去寻求切实的整体性解决方案。跨界融合的着力点同样应当以文化为导向，立足于文化的视角，运用设计手段赋能各行业，聚焦于产业的文化化。在这个过程中，我们不能满足于完善产品功能，也不能停留于简单添加文化标签，而要有意识地依据当下体验经济的趋势，借助创意设计进行以个性化文化（审美）体验为主的系统化设计，尤其要注重推进"设计+"工程，超越单一生产、生活域限，超越单纯产品层面，融入富有生活情趣、创意想象、地方特色的元素与服务，将产品的设计纳入体验性服务的框架之中，成为体验服务的一个环节。以设计思维引领，我们便能够将乡村古镇的历史文化资源作为开放性的母体，细分资源的特质与禀赋，有针对性地进行广泛的行业嫁接与价值融合，依据当代人消费习惯和消费心理特点，精心设计融合性产品和分众化服务，使产品设计更多地以文化体验为中心，形成完整的"设计+"文化体验服务体系。

（作者单位：福建社会科学院）

数字媒介语境下文创街区场景美学
与场景传播的建构路径

刘桂茹

在全球创意产业发展热潮中，文创街区作为地方空间的重要组成单元，在重塑地方形象、激活地方经济活力方面有着越来越突出的产业优势。欧美发达国家及日本等起步较早，积累了丰富的实践经验，已经发展出相对完善的创意街区空间和特色旅游小镇，成为文创街区建设的产业示范。我国的文创街区规划建设和开发设计则起步较晚，方兴未艾的城市和乡村文创街区正致力于将文化创意设计与地方历史文化资源和创意产业空间营造相结合，打造独具特色的文创街区，为提振地方经济提供永续发展活力。目前，我国各地文创街区建设基本形成了以北京798为代表的艺术街区、以成都宽窄巷子为代表的历史街区、以浙江乌镇为代表的乡村互联网创意街区等多种门类和数量的发展格局。尤其值得一提的是，在当前大力实施乡村振兴战略的背景下，各地积极展开探索，将文创与乡村街区打造相结合，使乡村文创街区成为连接我国乡村和城市创意经济的重要纽带，赋能乡村振兴。

在国内外成功文创街区的示范作用下，街区文脉梳理、创意设计、空间活化、资本平台入驻、政策出台、人才引进等方面，成为街区建设的基本经验和普遍共识，而有关街区媒介形象建构与传播的问题却往往成为被忽略的环节。一个普遍而突出的问题是，很多文创街区缺乏新媒介传播意识，对于自身文化价值和地方美学认知不明晰，也没有提炼出一套有代表性的地方文化符号，导致街区建设和街区媒介形象建构陷入同质化的尴尬处境。在当前互联网和移动新媒体快速发展的时代，融合地域文化的独特元素与新媒体技术优势，建构地域性与时代性相结合的媒介符号和品牌形象，应成为文创街区运营传播的当务之急和关键着力点。

　　本文将首先从城市研究的"场景"理论出发，从文创街区作为地方文化和美学风格载体的角度来理解其不同于其他社会文化空间的场景特性，并将文创街区的"场景"定位作为建构其媒介形象的认知前提。另外，文创街区的场景特质本身也是一种媒介符号，能为新媒介传播"场景"提供虚拟的在场景观。换言之，作为空间"场景"的文创街区是其媒介形象建构与传播的意义符号来源，而媒介传播"场景"又对街区场景进行二次建构，并成为其重要组成部分。

一、文创街区：空间品质与场景美学

　　随着越来越多的城市从工业生产向现代化都市消费形态转型，以芝加哥大学特里·尼科尔斯·克拉克教授为代表的研究团队提出了研究城市发展驱动力的"场景"（Scenes）理论。在《场景：空间品质如何塑造社会生活》一书中，克拉克等人指出场景的三重含义：对特定活动的共同兴趣、特定地点的特质、某个地点的美学意义①。

① 丹尼尔·亚伦·西尔、特里·尼科尔斯·克拉克：《场景：空间品质如何塑造社会生活》，祁述裕、吴军，等译，北京：社会科学文献出版社，2019年，第1-2页。

不同于马克思的劳动生产理论，也不同于列斐伏尔的空间生产概念，克拉克的场景理论以后现代消费为导向，以舒适物设施和活动为载体，以文化和价值观实践为表现形式，将城市空间研究拓展到社会空间的文化消费和意义生产的层面。场景理论意在强调城市作为一种空间体验的美学意义，而这种特定地域的美学和地方文化风格包含了景观、体验、消费、感知、符号意义和价值观等。场景理论还提出场景分析的真实性、戏剧性、合法性等三大要素和 15 个维度（见图 1）。

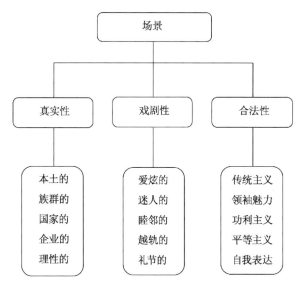

图 1　场景理论的三大要素和 15 个维度
（来源：《场景：空间品质如何塑造社会生活》）

这三大要素和 15 个维度构成了场景的多元组成部分，"并非某个特征而是全部特征构成了独特的场景"[1]。由这些组合所建构的

---

　　[1]　丹尼尔·亚伦·西尔、特里·尼科尔斯·克拉克：《场景：空间品质如何塑造社会生活》，祁述裕、吴军，等译，北京：社会科学文献出版社，2019 年，第 67 页。

场景数据库包含了场景的功能、文化、价值观、地域美学、发展目标等，而这一系列内涵所要传递的符号信息和美学意义则内嵌于场景的分布和舒适物设施之中。因此，场景理论不但能够为人们考察城市发展内生力和城市文化消费机理提供方法论的启示，还能为彰显特定文化价值观和美学追求的场景建构提出衡量和分析的框架。

场景的文化要素和美学差异，以及嵌入于特定场景的意义使得"场景"打造成为一种可能。从这个角度而言，具有观光、旅游、消费、体验和文化价值等多元组合的文创街区，就是包含独特空间品质和美学意义的场景。尽管"场景"理论讨论的是城市场景中的舒适设施体验、休闲娱乐消费及创意设计实践，但我国一些乡村或古镇的创意街区事实上也体现了特定的文化价值观对街区生活的文化风格、意义体验和消费实践行为的形塑。比如，乌镇的乡村互联网创意街区、温州瑞安溪坦村文化创意街区等。

（一）文创街区的场景美学

"场景"理论中的三大要素，即真实性、戏剧性、合法性，事实上强调了场景评价的真、美、善三个元素的重要性。对于文创街区来说，最重要的空间品质和创意来源是其独一无二的地域文化，包括地方历史文脉、建筑风格、风俗习气、饮食习惯等。丰富多样的文化元素是地方美学最重要的标识，能够赋予街区鲜明的文化价值观，并以此将街区居民、产业机构和外来游客紧密连接。这即是"真实性"的基本内涵。比如，上海田子坊的石库门、北京南锣鼓巷的胡同、成都宽窄巷子的川西民居等，这些创意街区所承载的地方文化特征和美学符号构成了"场景"的真实性要素。场景理论不只强调地方美学和文化差异，更注重"辨别不同地方的内部和外部呈现的具有美学意义的范围和结构，从而发现文化生活的聚集"①。这里的"聚集"实际上指的是为人们提供休闲娱乐消费的各种舒适物设施和活动的组合，这些组合所能产生的文化意义赋予场景特定的美学趣味，并由此传递出场景的"戏剧性"功能。比如，各类文创街区的艺术画廊、咖啡馆、机械仓库、书店、特色餐饮店、文创手工铺等舒适物设施，不仅具有不同的文化功能，而且这些单体的舒适物设施组合之后可以为场景创造合适的主题，传达特定主题场景的美学风格。由此，地方文脉所内蕴的文化特质，以及街区舒适物设施所营造的审美旨趣，成为吸引不同的人群到街区这一"地方场景"（Local Scenes）参与工作活动实践和娱乐消费体验的重要美学要素。而参与体验过程中的社群表达和沟通、社群情感认同等方面则彰显了街区的价值指向，即"合法性"要素。可以说，三大要素为场景的空间品质和发展思路提供了整体定位，形构出场景的整体文化风格和美学特征。

场景理论的 15 个维度则通过细化三大要素的美学旨向，为场景测量提供细分的内部关联和独特的符号标识。对于文创街区来说，打造差异化的场景美学才能有效彰显街区辨识度，避免"千街一面"。针对不同人群的需求，成都宽窄巷子街区的三条巷子有各自的定位维度。宽巷子定位为"闲生活"，窄巷子定位为"慢生活"，井巷子则定位为"新生活"。宽窄巷子也因此有"闲在宽巷子，品在窄巷子，泡在井巷子"的媒介宣传语。根据不同的定位，每条巷子的文创特色也完全不同。宽巷子就像个情景消费休闲区，为喜欢休闲怀旧的文青们提供各类特色餐饮、茶馆、会所等；窄巷

① 丹尼尔·亚伦·西尔、特里·尼科尔斯·克拉克：《场景：空间品质如何塑造社会生活》，祁述裕、吴军，等译，北京：社会科学文献出版社，2019 年，第 39 页。

子走的是精致口味生活的路线，针对时尚精致的消费群体，提供各种艺术特色区、西式餐饮、健康生活馆等；井巷子更像是个时尚动感地带，为年轻消费群体提供酒吧、夜店、创意时尚区等。三个巷子可以互通，各类人群可以在整个街区随意穿梭，切换不同的消费模式和游览体验。从场景理论的视角来看，像宽窄巷子这样的街区创意设计和场景营构，能够引导人们感知川西地域文化意涵和社会生活形态，形成独特的场景美学。

（二）文创街区作为"场景"的案例

根据场景理论的研究方法，文创街区内部的各类文化活动、设施、景观、人群的组合及各要素之间的内部关联，都蕴含着街区文化价值取向，能够激活群体创意和消费活动能力，驱动地方经济发展。以浙江乌镇的发展模式为例，我们可以发现，乌镇在每个不同发展阶段的模式定位都体现出了不同的价值取向、场景美学和媒介形象，从所谓的乌镇 1.0 版本蜕变为乌镇 3.0 版本，实现了从观光水乡小镇到互联网创意街区的华丽转身（见图 2）。

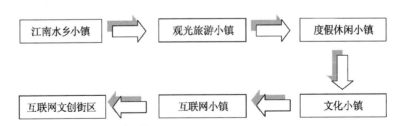

图 2　乌镇不同开发阶段的定位和媒介形象
（来源：根据《乌镇掌门人陈向宏解读"乌镇模式"》一文总结）

乌镇模式被认为是国内特色小镇开发最成功的案例之一。乌篷船、小桥流水所营构的江南水乡如何汇入互联网创意经济和后现代消费体验之中？以场景理论的视角来观察，乌镇成功转型的原因在于以特定区域的文化和价值观打造差异化场景，形成独特的场景链接，吸引游客进行"卷入式"消费体验。这种高度参与互动的消费体验最为鲜明地体现在乌镇戏剧节这个街区品牌活动中。戏剧节作为乌镇打造文化古镇街区的创意产品，实现了古镇建筑、演艺空间、戏剧艺术、消费群体等场景元素的多元融合，形成独特的场景美学。

江南水乡风貌的古镇街区是乌镇戏剧表演的背景舞台，戏剧演出的剧院和剧场则是演艺空间的群体组合。舒适物设施和娱乐空间与戏剧表演活动的有机结合，以及其嵌入景观式的消费和文化体验的意义，共同创造出乌镇独有的场景。不仅如此，乌镇戏剧节的古镇嘉年华活动，从演出剧场拓展到公共空间，直接将表演舞台搬到小桥流水的屋前巷尾，让人随时随地"遇见"各种表演现场。这种类似迪斯尼乐园的欢乐嘉年华环节，将乌镇戏剧节的氛围推向高潮，游客置身狂欢活动中也不自觉地卷入全景沉浸式的文化体验当中。注重互动体验的街区特色活动不仅使游客实现休闲娱乐诉求和审美愉悦，也在人与人、人与街区场景的互动中形成了文化价值认同。可以说，乌镇戏剧节对戏剧艺术的创新表达赋予了文化古镇新的成长力量，也重新定义了乌镇的文化品牌形象，推动乌镇形成以戏剧节为核心的文创旅游生态圈。

随着越来越多的新型文化业态集聚乌镇，文化乌镇的内容和范围也更加丰富多样，形成了世界互联网大会、国际艺术展演、互联网文化创意街区等文化品牌。世界互联网大会落户乌镇后，众多文创品牌项目也相继入驻乌镇，"文化＋互联网""文创＋互联网"的发展模式营构出乌镇青石板路与数字信息高速公路并轨前行的场景，使江南文化古镇插上互联网的翅膀再次精彩蜕变。

二、"场景时代"的媒介形象传播

这里的"场景时代"指的是当前移动互联时代的媒介传播"场景"（Context）。媒介传播中的"场景"概念强调媒介信息和应用技术所营造的环境氛围和在场感，与上文所讨论的芝加哥学派"场景"（Scenes）理论并不在同一意义范畴和理论脉络。如果说上文将文创街区纳入实体空间的场景范畴来考察是为其媒介形象建构做出认知定位和前提的话，那么，在具体的建构过程中又以媒介虚拟"场景"的视角来介入，则是要以实体场景的虚拟"场景化"对文创街区媒介形象进行二次构建。

20世纪80年代，美国传播学者梅罗维茨在《消失的地域——电子媒介对社会行为的影响》中提出媒介"场景"（Situation）概念，旨在研究以电视为主的媒介形态如何改变文化环境，进而对人的行为产生影响。而随着移动互联、万物互联时代的到来，以数字化为特征的"场景"传播日渐兴起，在信息传播和社会生活等领域产生了深刻变化，也带来了媒介与人的关系的重构。在《即将到来的场景时代》一书中，全球科技领域资深记者罗伯特·斯考伯提出，"移动设备、社交媒体、大数据、传感器和定位系统"[1] 是构成场景的五种技术力量，"在未来25年，场景时代即将到来"。这里的"场景"（Context）强调数字媒介和移动互联网技术推动下的媒介转型与传播革命。梅罗维茨的"场景"（Situation）概念和罗伯特·斯考伯的"场景"（Context）理论，都关注到了媒介技术更

---

[1]　罗伯特·斯考伯、谢尔·伊斯雷尔：《即将到来的场景时代》，赵乾坤、周宝曜译，北京：北京联合出版公司，2014年，第11页。

迭所引起的社会交往和信息空间的变化，而后者更注重考察媒介内容变迁对人们的交往互动所产生的影响。比如，以微信为代表的社交类新媒体，其用户黏度、传播速度和覆盖广度，是传统媒体难以企及的。而 AR、VR 技术的运用则使虚拟世界变得越来越真实，为受众提供了愈加丰富的参与式媒介体验。这些新媒体依托全新的技术彻底改变了传统的信息传播格局，并不断与传统行业融合（如金融支付、文化教育等），其应用已扩展到各个行业和个人社会生活的方方面面，深刻改变了人们的社会生活方式和交往方式。事实上，我们所置身的移动通信、大数据、云计算、人工智能等数字技术支撑下的移动互联时代就是一个数字场景时代，而随着 5G 技术的成熟，万物智能互联也将成为场景传播的必然趋势。

场景的意义和价值引起了越来越多的讨论和关注。研究者认为："Web 3.0 是场景细分时代，以场景、细分和垂直、个性化服务为特征。"[1]"移动传播的本质是基于场景的服务，即对场景（情境）的感知及信息（服务）适配。换句话说，移动互联网时代争夺的是场景……场景成为继内容、形式、社交之后媒体的另一种核心要素。"[2] 与传统的媒介传播形式不同，移动互联传播的场景不仅能够满足受众对信息服务和场景体验的个性化需求，还能搭建媒介与受众双向互动的连接，成为重构媒介传播形态和社会交往关系的重要力量。

（一）场景传播的价值

场景将人与物、人与技术、人与人等多重关系卷入新的传播空

---

[1]　胡正荣：《移动互联时代传统媒体的融合战略》，《传媒评论》，2015 年第 4 期。

[2]　彭兰：《场景：移动互联时代媒体的新要素》，《新闻记者》，2015 年第 3 期。

间，催生了新的消费方式和交往方式。场景化传播在越来越多的相关行业也带来了一系列联动效应，比如场景化营销、场景化体验等，形成了新的传播、消费、社交、活动等社会生活模式。"按照场景的连接方式及使用情况，数字化场景可以分为以下三种类型：（1）入口场景……（2）消费场景……（3）支付场景。"① 所谓"入口场景"，在这里也称"应用场景"，指的是由电脑端、移动媒体端及微博、微信、APP、二维码等互联网应用所构成的入口空间，可为人们提供虚拟线上娱乐、购物、社交、教育等场景服务。场景时代，媒介传播只有在"入口场景"寻找媒介与受众的连接点，搭建社群传播的路径，才能抢占场景传播的制高点。

对于文创街区来说，场景化传播就是要在"入口场景"提供适配信息的场景服务，满足移动互联时代受众更加个性化的消费需求和参与互动的在场感。场景化传播方便快捷、即时广泛，能够为受众搭建沉浸体验平台，建立街区与受众之间的互动关系，获得受众更深的情感认同和价值追求。例如，成都宽窄巷子充分应用了网络平台、微博、微信公众号等传播载体来建构其媒介形象。从宽窄巷子的门户网站来看，其页面风格与街区的文化定位十分契合：一幅动态的宽窄巷子铅笔素描图铺满首页，再配以各种手绘图作为分类导图，形成了街区独有的场景传播方式。街区的各个出入口和通道均在醒目位置提供语音导览二维码和导视系统。此外，通过微信公众号和"抖音"短视频等社交平台，宽窄巷子的数字化场景传播将线上与线下资源进行跨界融合，在单个入口场景就可以整合整个街区的文创资源，更好地满足用户一站式的使用需求，凸显了场景传播的价值。

---

① 国秋华、程夏：《移动互联时代品牌传播的场景革命》，《安徽大学学报》（哲学社会科学版），2019 年第 1 期。

（二）场景时代的媒介形象传播案例

场景时代媒介传播的核心要素就是对移动互联场景的争夺。当前新媒介传播最热门的场景之一就是以"抖音"为代表的短视频平台。短短 15 秒的视频风靡国内外，成为碎片阅读视听时代的流行产品，也成为建构和传播地方文化形象的有力载体。以"网红"城市西安市为例，在抖音发布的《2018 抖音大数据报告》中，西安在"2018 抖音之城"全国排名第 8 位，被赞 12.1 亿次。其中，"大雁塔炫酷的灯光秀"成为最火的抖音视频，热门的"网红"打卡地则包括永兴坊、钟楼、城墙、回民街、秦始皇陵兵马俑博物馆等。根据抖音平台 2018 年发布的《短视频与城市形象研究白皮书》，西安凭借"摔碗酒""西安人的歌""大雁塔"等主要文化元素，共获得 89.1 亿次的播放量，在城市形象短视频播放量排名中位列第二（见图 3）。

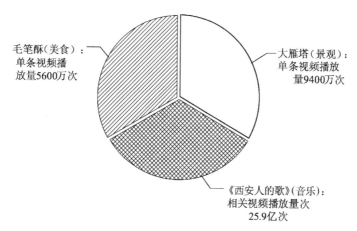

毛笔酥（美食）：单条视频播放量5600万次

大雁塔（景观）：单条视频播放量9400万次

《西安人的歌》（音乐）：相关视频播放量次25.9亿次

图 3　抖音平台上"西安"的三大传播符号
（来源：2018 年《短视频与城市形象研究白皮书》）

西安在"抖音"平台走红后，西安市政府就与"抖音"达成合作协议，以"跟着抖音玩西安"这一总话题，不断推出"网红"

旅游打卡地和热点讨论话题，向全世界推广西安文化旅游品牌。借助广泛流行的大众媒介产品，西安快速占领了新媒介传播景观的"高地"，使城市媒介形象传播更有趣、更接地气，也更有效率。尤其是表演"摔碗酒"的西安永兴坊，从默默无闻的民俗美食街变身为"网红"街区，足见 UGC 时代用户在内容生产、传播和消费上的巨大潜力。抖音平台还通过创新旅游体验方式，如"通过人工智能算法，将人与背景分割，实现虚拟场景转换；利用 AR 相机智能识别周边场景，呈现 AR 虚拟人物与用户互动"① 等，来提升用户的参与热情。"摔碗酒"的意义不在于喝酒，而在于喝完酒后用力把碗摔碎的情景在新媒介传播"前台"和"后台"同时被围观所产生的场景效应。平台还通过推荐算法吸引更多的人参与到场景之中，成功实现街区媒介形象的建构、优化和广泛传播。

借助"抖音"短视频平台，西安从"历史文化古都"变身为"抖音网红名城"，使人们更新了对西安的固有印象。一个更加具有生活气息和多元亲和的城市形象为西安赢得了更多的关注和认可，为城市经济发展注入了更多的生机与活力。可以说，西安的"抖音网红"之路，顺应了新媒介场景传播时代对内容传播的新需求，在虚拟与现实、私人日常与公共社交等场景之间来回切换、重叠复合，以群体的在场感营造了数字场景时代的消费景观。

三、打造文创街区品牌、提升街区传播影响力的思考与路径

在注重体验经济和注意力市场的当代文化生产、传播、消费环

---

① 冀楠、孙昊：《浅析新媒体对西安城市形象塑造和传播的作用——以"抖音"为例》，《新闻知识》，2018 年第 8 期。

境中，文创街区的媒介形象建构与传播如何才能形成具有核心价值和特色亮点的品牌，吸引受众卷入体验和互动共享，是一个值得深入思考的问题。通过上文的分析，场景的"再场景化"可以为当前文创街区的传播运营提供有参考意义的思考和路径。

（一）媒介形象建构要抓准文创街区发展定位

文创街区建设的同质化必然导致其媒介形象建构与传播的同质化问题。同质化的根源就在于街区定位不明晰，由此传播的街区形象也会显得混杂无序。一个与众不同的媒介形象最显著的作用就是从一批同质化的街区品牌传播中脱颖而出。场景理论的研究方法和分析视角，以及蕴含在场景中的三个文化要素和 15 个维度的衡量依据，可作为文创街区发展定位的评价体系。通过设定文化价值观主维度、赋值次维度、建设文创街区景观和娱乐休闲设施的信息数据库，能够提炼生成文创街区独有的地方文化美学风格和文化活动氛围，激发街区的文化内生力，使"本地固有的文化和生活能够从内而外地生长"①，从而塑造街区创意发展品牌，形成独具文化内涵和创意活力的街区场景。

依据"场景"理论视角，找准街区独有的发展定位和文化风格，才能找到街区建设的灵魂，街区媒介形象建构才可能呈现独具个性化符号特色的品牌传播效果。一方面，媒介形象要突出街区主题的整体性。整体性的意义即是场景各要素在整体价值观视域下的有机组合，代表着特定的生活方式、文化感知、消费实践，能够传达街区独特的理念和品质，也能够与受众形成持续互动。街区中的

---

① 小林正美：《再造历史街区》，张光玮译，北京：清华大学出版社，2015 年，第 122 页。

各类设施、人群、活动能够与主题形成整体呼应和良好互动。另一方面，媒介形象要在整体的思维中注重局部差异。差异不是指纷繁复杂、琳琅满目的局部业态，而是在保持独立价值和优势的前提下做到"形散神不散"，从而形成整体性互补的场景体验。

（二）媒介形象建构要彰显文创街区地方美学

媒介形象凝聚着街区最核心的发展主题和传播元素，主导着街区与媒介受众之间的审美定位。文创街区媒介形象的表达和传播需要从街区的文化肌理和历史脉络出发，从街区场景的地方美学和文化价值塑造出发，寻找建构的立足点，也就是要"通过保留地方记忆与遗产而使场所认同感和社区得以延续"①。街区地方美学包括建筑、广场、街道、地理等一系列物质元素，以及典故、传说、习俗、人物、文艺等文化精神资源。街区品牌传播不可能将地方美学全部打包呈现或者全盘端出，只有提炼设计出兼具地域性与时代性的街区美学符号，才能快捷、高效地树立街区文化形象，形成街区品牌认知，引领街区创意产业升级。

媒介形象中的街区地方美学在传统的传播介质中往往呈现静止或者单一的表达方式，难以给人留下深刻印象。街区场景美学体现于场景设施和相关的文化活动中，比如特定场景中的节庆、展演、创意市集、艺术节、美食季等，可以在短时间内吸引大量人群参与体验互动，让街区美学表达和参与都动起来，满足人们的消费需求和情感愉悦需求。数字移动新技术的传播特点，可以更加直观地彰显街区地方美学。如果将街区的特色文化活动引入移动传播场景，

---

① 史蒂文·蒂耶斯德尔、蒂姆·希思、塔内尔·厄奇：《城市历史街区的复兴》，张玫英、董卫译，北京：中国建筑工业出版社，2018 年，第 16 页。

可以打破原本的媒介场景建构方式，将"后台"前置，弥合线上线下的区隔。移动传播所具备的视频图像直观性和交互体验即时性，能够为传播街区地方美学提供实时动态的交流、分享、互动的氛围，产生高人气的积聚效应和品牌传播力。

（三）媒介形象传播要强化文创街区场景应用

场景是数字移动媒介时代的重要入口，场景化传播的理念和价值呼唤场景应用的广泛使用。在这里，场景应用指的是利用移动互联技术将各种应用集合到一个场景传播空间，从而有效连接虚拟应用与现实生活需求，建构起不同行业、不同领域的信息空间，为人们提供跨界连接和互动分享的平台和入口。随着 5G 时代的到来，高带宽、高速率、超高清的通信网络，以及大数据、云计算、区块链、人工智能等高新技术，不仅能够催生海量信息，形成互联互通智能服务的全媒体传播格局，也能够为文创街区的场景应用和传播提供有利条件。

强化文创街区的场景应用，就是要在传播技术和智能设备应用越发普及的基础上，运用大数据和云端计算获取目标受众，挖掘受众需求信息，并为受众提供适配场景的服务和产品。越是完善的场景应用，越能在文创街区的品牌竞争中占据优势，也就越能在入口场景产生强大的周边能力和对受众的吸引力。文创街区的媒介形象传播可以借助微博、微信、手机 APP、门户网站、论坛等较常见的媒介方式，搭建文创街区媒介传播的场景入口，并根据受众数据分析实现对内容的定制推送，满足受众个性化和多样化的消费需求；还可依靠 VR、AR、AI、H5 等技术营造场景化体验氛围，构建一种具有冲击力和感染力的"沉浸式"传播场景，让受众参与到场景中进行互动分享，在直观的、虚拟的媒介场景中产生身临其境之感。尤其是 H5 的应用，可以满足多感官体验的场景应用设置，也更注重交互共享的社群参与，有利于文创街区打造和推广其爆款创意 IP，实现精准传播。

（四）媒介形象传播要提升文创街区受众黏度

场景时代的传播方式改变了媒介与受众的关系。而努力连接受众，满足用户越来越多样化的需求，成为场景时代数字媒介传播不断开发创新的动力。随着新媒介平台的功能和传播渠道逐渐向专业化和多样化嬗变，媒介传播内容更加垂直化，受众也被不断圈层分化。就像使用知乎、抖音、微博、B 站的受众来自不同的群体，平台受众的差异越来越大。文创街区的媒介形象传播需要深入了解目标受众，以创新形式进行精准传播，突破圈层壁垒，争夺受众注意力，不断提升受众的忠诚度和情感黏度，才能在受众群体中实现品牌与消费者的强连接。

一方面，针对移动互联网和社交媒介的 UGC（用户生成内容）现象，文创街区可以依托各类直播和短视频等互联网社交平台开展场景化传播，吸引不同年龄、身份、阶层的人们加入其中，催生内容丰富的社交信息，传播街区品牌信息和资源，从而将受众与街区媒介形象高度连接；另一方面，文创街区的场景传播可以形成互动分享的粉丝社群，要充分挖掘粉丝社群特点，建构线上互动分享和线下沉浸消费相结合的传播场景。通过粉丝社群，受众会对街区品牌产生深度认知和情感认同，自发参与街区文化信息内容的生产传播，并通过高黏度的消费体验和社群凝聚为文创街区品牌创造无限的价值生成空间。

（作者单位：福建社会科学院）

历史文化街区及古村镇保护发展策略探析

黄艳平

党的十八大以来，国家和社会高度重视历史文化街区，以及古村镇文化传承和文化遗产的保护发展工作，逐渐认识到历史文化街区及古村镇保护发展工作的重要性和紧迫性。全社会的保护意识不断提高，理念不断创新，保护发展成就显著。但由于各地区管理水平及保护发展方式的差异，历史文化街区及古村镇的保护发展水平良莠不齐，文化定位模糊不清，同质化建设屡见不鲜。如何明确历史文化街区及古村镇的文化定位、当代价值和现实意义，克服发展困境，走出一条彰显文化自信、重塑文化品牌、兼顾保护与发展的创新之路，是当下亟须直面和解决的问题。

一、保护发展历史文化街区及古村镇的当代价值与现实意义

习近平总书记在十九大报告中明确指出："文化是一个国家、一个民族的灵魂。文化兴国运兴，文化强民族强。没有高度的文化自信，没有文化的繁荣兴盛，就没有中华民族伟大复兴。""要激发全民族文化创新创造活力，建设社会主义文化强国。"中国特色社会主义文化源自中华民族五千多年文明历史所孕育的中华优秀传统

文化，而历史文化街区和古村镇则承载着中华民族灿烂传统文化的根与魂。新时代背景下，保护历史文化街区及古村镇，走出一条重新唤醒当地文化脉络、重塑文化品牌形象和文化自信的文化复兴之路具有重要的现实意义。

（一）历史文化街区及古村镇是推动传统文化复兴的重要载体

在文化自信、文化复兴的时代背景下，保护和发展历史文化街区及古村镇显得尤为迫切。一个国家、一个民族的历史文脉不能割断，历史文化街区及古村镇正是一个国家、民族历史文化发展的见证，它们承载着中华民族漫长发展过程中的社会、经济和文化脉络，是展现特定地域文化、传承延续历史文脉和历史记忆的鲜活载体。近年来，人们保护、传承传统文化的意识越来越强，人们逐渐意识到，文化是一个民族、一个城市、一个乡镇及村落的灵魂，保护和发展历史街区和古村镇就是要留存历史的真实性、文化的延续性和风貌的整体性，尤其是要保护其承载历史文化发展脉络的市井文化、民俗文化、农耕文化和古建筑文化，延续其历史文化的生命力，不断为其谱写当代的价值和发展活力。因此，保护历史文化街区和古村镇，是一项功在当代、利在千秋的事业。

（二）保护发展历史文化街区及古村镇是为了满足大众的传统文化需求

首先，是追求高品质文旅产品的需求。正如十九大报告中所述，"我国社会主要矛盾已经转化为人民日益增长的美好生活需要和不平衡不充分的发展之间的矛盾"。随着人民物质消费水平的不断提高，人们对美好生活的向往不再局限于物质的满足，而体现在对文化环境品质要求的提高。对于文旅产品而言，讲究"归真"

"特色"，也更看重在地文化底蕴，更追求有品质的文旅体验。近些年，古镇、古村落等原生态地区反而成为人们热衷的出行地。领略传统的建筑语言，感受淳朴的民风，体验传统的手工制作，了解在地的历史与文化已经逐渐替代了走马观花似的旅行方式。因此，保护发展古街、古镇及古村的物质文化和非物质文化遗产，深入挖掘、利用当地的传统文化形态，一方面可以改善当地经济状况和居住环境、文化环境，提高人民生活质量；另一方面可以提升文旅产业的服务水平，满足人们对美好生活的需求，对高品质服务的需求，如此一举两得。

其次，是亲近优秀传统文化的需求。近年来，一档档以优秀传统文化为主题的文化综艺类节目引领着社会风尚，如《中国诗词大会》《国家宝藏》《大国工匠》《我在故宫修文物》《经典咏流传》等，为全国人民带来一场场文化盛宴，在全社会掀起一股股崇尚传统文化的热潮。可见，人们对精神食粮的渴求，对享受传统文化带来的愉悦与满足的需要。人们逐渐意识到，亲近传统文化的同时，也是在找寻一个民族、一个地域，乃至一个家族的历史与文化的根。

（三）保护发展古村镇是实现乡村文化振兴的现实路径

实施乡村振兴战略是我国为实现农村的全面振兴而实施的一项重要举措，它不同于农村城镇化建设的在地的乡村建设与振兴，而是全面性的振兴、生态性的建设、策略性的保护与转化和创新性的发展。其中，实现乡村文化振兴是整体发展战略中的重要部分，其目的是保护乡村物质文化与非物质文化遗产，实现其在当代发展价值的路径。2018 年 2 月，中共中央办公厅、国务院办公厅颁发的《关于实施乡村振兴战略的意见》中指出："坚持乡村全面振兴。

准确把握乡村振兴的科学内涵，挖掘乡村多种功能和价值。"其中，要求"划定乡村建设的历史文化保护线，保护好文物古迹、传统村落、民族村寨、传统建筑、农业遗迹、灌溉工程遗产"。2018年9月，中共中央、国务院印发的《乡村振兴战略规划（2018—2022年)》，在涉及重塑乡村文化生态时着重指出："紧密结合特色小镇、美丽乡村建设，深入挖掘乡村特色文化符号，盘活地方和民族特色文化资源，走特色化、差异化发展之路。"主要强调充分挖掘乡村文化符号，保持地方原有建筑风貌和格局，将本土历史文化元素融入乡村建设，实现乡村文化的特色化、差异化；同时，鼓励和引导社会资本和人员参与，丰富农村文化业态。

为此，保护发展古村镇与乡村振兴战略的内涵与要求是一致的，保护发展古村镇的文化业态为乡村文化振兴提供了现实路径。同时，乡村振兴战略的实施也为古村镇提供了更有利的发展契机，能有效推进其物质文化和非物质文化的创新型发展和创造性转化；能更充分地挖掘乡村文化底蕴，为乡村文化复兴提供坚实的保障，让乡愁延续、让文明传承。

二、从历史文化街区发展困境反观古村镇的保护发展

当前国内历史文化街区的发展业态相对成熟，在发展过程中走过许多弯路，有过惨痛的教训，也积累了一些成功的经验。上海、杭州、苏州、成都等城市在历史文化街区的保护发展中，产生了一些较为成功的案例，如上海的石库门街区，留住了老上海的记忆，中西合璧的经典建筑，使其成为海派文化的见证者。杭州的河坊街、成都的宽窄巷子等的成功是有共性的：一是政府大力支持并主导推进，注重科学整体规划，综合考量街区的文化生态、建筑环境

与现代社区功能融合发展；二是明确街区的文化定位和主体功能定位。融合文化元素的历史文化街区才是有灵魂的，如杭州河坊街通过修复和改造，力呈清末民初的风貌，再现杭州的历史文脉，营造以商业、药业、建筑等为主体的市井文化，突出其文化价值，保持其历史的真实性、文化的延续性和风貌的整体性，使其成为目前最能够体现杭州历史文化风貌的街道之一，并助力西湖申报世界文化遗产。

然而，尽管近年来国家和社会各界对历史文化街区保护的重视程度不断提升，力图赋予历史文化街区新的生命力和活力，但在保护发展过程中，仍然存在诸多困境，如同质化现象严重、商业化开发过度、保护原住居民意识不强等现象屡见不鲜，有些地方的人文环境遭到不可逆的破坏。反观当前古镇、古村落的保护与发展，也面临着与历史文化街区发展相似的困境。各种面向古街、古镇、古村落的文旅项目，伴随着每年大量资金投入、大批游客涌入的同时，出现了各种与发展初衷背道而驰的现象。我们不禁担忧，古镇和古村落这些延续千百年的文化遗产是否会因为发展而加快被破坏的速度？是否会重蹈城市历史文化街区破坏人文环境的覆辙？这些相似的发展困境都突出表现为在地文化和原住居民的主体性弱化，地方文化被外来文化和过度的商业发展遮蔽，地方文化特色不鲜明。

（一）科学整体规划缺乏，在地文化和语境弱化

一些地区缺乏科学的规划，忽视对地方传统建筑文化的整体继承，许多具有文化价值的历史建筑被拆除，而新打造的传统仿古商业街区日渐趋同，失去了"原真性"的本地文化特色，使游客审美疲劳，不能产生特别的体验。目前，古村镇的保护也缺乏长远的科学整体的规划，缺乏深入的调研，随意性很大。当地政府相关部门一般都是找策划公司做一份规划，而有的策划公司缺乏专业的文化遗产保护知识，长远来看，其策划案必将对古村镇的人文环境和自然环境造成不可逆的破坏，致使古村镇具有地域历史特征的社会文化符号和文脉逐渐流失，在地文化和语境逐渐弱化，形成"千城一面""千村一面"的局面。

（二）商业化开发过度，文化效益与经济效益矛盾凸显

近年来，历史文化街区及古村镇的商业化趋势愈演愈烈。在旅游发展和招商引资的名义之下，不少历史文化街区、名镇、名村逐渐"变味"。在商业大潮的冲击下，一些本来独具深厚文化底蕴和地方特色的文化街区和古村镇沦为低俗的、同质化严重的小商品市场，或是吃喝玩乐一条街。如北京的南锣鼓巷，表面上人流穿梭、热闹非凡，实质上已偏离了国家对于历史街区保护发展的初衷和定位。保护与发展是相辅相成的，发展是为了更好地保护，而不是过度地商业开发，甚至是纯商业开发而置文化内涵于不顾。因此，过度的商业化发展使一些历史文化街区及古村镇的建筑格局风貌、文化生态环境遭到破坏，文化效益、社会效益与经济效益之间的矛盾日益凸显。

（三）原住居民主体性缺失，保护与发展缺乏整体性

历史文化街区和古村镇都应是活态的文化遗产，无论是居住或使用的功能业态，还是发展过程中的建筑物自身，都是活态文化遗产的重要组成部分。有的历史文化街区和古村镇在保护发展的过程中，都存在着保护原住居民意识不强、原住居民的主体性不断弱化甚至缺失的现象。究其原因，一是居住环境恶化、古建筑遭到破

坏，导致原住居民人口流失，造成老街和古村镇的空壳化；二是政府或机构以保护为名义，要求原住居民集体搬迁，由此造成滋养传统民风和市井文化的"土壤"丧失，街区和古村镇变成只拥有古建筑的陈列馆和博物馆，或变成热闹的纯商业区域。建筑是静态的，生活在其间的居民却是文化遗产传承的活态载体，如果离开了原住居民参与其中的生产与生活，保护的就只是一个空壳，无法呈现物质文化与非物质文化的整体性，历史文脉及传统文化又将如何在现实中延续？

三、新时期推进历史文化街区及古村镇科学保护发展的对策

我国历史文化街区及古村镇的保护发展得到国家和社会的重视和大力扶持，面临着前所未有的发展机遇，同时承载着复兴传统文化、重塑文化品牌的历史使命。在这一新的时代背景下，推进历史文化街区及古村镇的科学保护发展，要处理好以下几大关系。

（一）坚持理念创新，处理好传统和现代的关系

坚守优秀传统文化，要创新对历史文化街区和古村镇保护发展的理念，要与时俱进、充分理解传统历史街区及古村镇对于现代社会发展的价值与作用，要理解对历史文化街区的保护发展是为了更好地推动城市的现代化发展，对古村镇的保护发展也是为了推动其文化复兴及经济振兴。强调建筑与人文的"原生态"，也要兼顾现代性居住功能。创新保护发展理念，就要充分意识到原住居民追求美好生活、配套现代化生活设施与保护历史街区及古村镇的"原汁原味"并不冲突，关键是怎样融合与协调。为此，要处理好传统与现代的关系，"以古带今"，在保持传统建筑原貌的前提下，允许适度完善内部和

外部的现代化设施，满足老街区及古村镇居民的现代生活需要，既延续其历史文化传统，保存原住居民传统的生活风貌及精神文化，又改善了他们的生活环境，满足老百姓对美好生活的追求。

（二）坚持规划先行，处理好社会效益和经济效益的关系

对于历史文化街区及古村镇的抢救和保护，要坚持规划先行，要依据城市人文主义价值观进行顶层设计、整体规划，明确规划的总体框架、内容和要求；要因地制宜地制定涵盖自然、文化、历史、产业等各个方面完整的规划，使规划具备科学性、可行性和长远性。科学有效的规划应由政府、原住居民，以及集合建筑学、社会学和民俗类等专家团队共同论证，充分挖掘利用每一个古镇、古村落自身的文化特征和自然地理特色，制定详细的保护与发展规划，做到商业形态、文化业态和建筑语境协调融合、一脉相承。

历史文化街区及古村镇的文化资源是不可再生的，要进行科学合理的发展和利用，不宜只注重经济利益。以获取短期经济效益为目的，缺乏文化自觉的保护与发展规划，必将给古镇、古村落造成毁灭性的破坏。

图1　和平古镇

（三）坚持保护为主，处理好保护和发展之间的合理关系

首先，要坚持物质文化遗产保护与非物质文化遗产保护相结合。对于历史文化街区及古村镇，坚持以保护为主，保护的方面包

括物质文化遗产和非物质文化遗产。一些历史文化街区和古村镇的国家重点文物古迹被国家加以保护，使其物质文化层面上的建筑文化样式得到了相应的重视和保护。但是，历史文化街区及古村镇都是人类居住的空间，是生产方式和生活方式的统一体，有着丰厚的文化内涵、民俗人文特色，以及其他的非物质文化符号，这一文化形态的保护同样重要。因此，应坚持物质文化遗产和非物质文化遗产的双重保护，物质文化形态与非物质文化形态不能被割裂。

其次，对历史街区及古村镇的保护应该坚持静态保护与动态保护相结合。对宗庙、祠堂、民居建筑等物质文化遗产的修缮、日常维护等属于静态保护，但这种保护对于历史街区或者古镇、古村落来说是远远不够的。古镇、古村落中还有一种动态的遗存，是一种生产方式、生活方式的世代传承和延续。中华五千年文明的农耕文化，各地不同的服饰、艺术、手工技艺，生活饮食习惯、民俗礼仪等传统市井文化，都反映出不同历史阶段的政治、经济、文化和社会发展脉络及发展水平，是地域文化的灵魂，而原住居民正是传承和延续文明的现实载体。因此，保护原住居民的居住主体，对于优秀传统文化遗产的动态保护至关重要，载体缺失了，便无传承可言。

图2　三坊七巷历史文化街区

（四）坚持守正创新，处理好文化传承与创新发展的关系

在新时代背景下，保护历史文化遗产的同时，更重要的是赋予它们新的生命力，使它们重新焕发活力，促进历史文化街区及古村镇在地产业与经济的发展；在开发历史文化街区及古村镇的同时，传播城市、村镇的优秀传统文化，使其历史文化肌理得以延续、文明得以传承，使历史文化街区、古镇和古村落真正成为复兴传统文化的现实载体。当前，文化创意产业无疑成为挖掘在地文化内涵、提升文化旅游品质、促进产业经济结构优化的重要发展方向。应充分借助文化创意，深度开发文化创意产品，极力打造原创的 IP 品牌，为大众带来差异化的愉悦体验，实现传统文化活态传播、传承，以带动街区、古镇、古村落的整体文化品牌实力和效益的提升。

例如，故宫之所以能成为国内的热门 IP，故宫文创功不可没。在文创产业带动下，故宫化身为"网红"。故宫文创产品大大提升了博物馆文化的影响力，同时为故宫带来了非常可观的经济效益。截至 2018 年 12 月，故宫文化创意产品研发超 1.1 万件；2017 年，故宫文创产品全年总收入达 15 亿元。故宫的门票收入在整个文旅营收中所占的比重越来越低，而其文化 IP 的边际效应却越来越广，这恰恰是故宫对"纯正"历史文化品质长期坚守所得到的回报。故宫文创收入也为故宫的修缮、各类展览，以及在国内外举办公益活动、传播中华优秀传统文化提供经费保障，这显然是一个非常好的良性循环运营模式，最大程度地实现了文化效益和经济效益的双赢。

图3　故宫文创产品

　　全国还有许多极具历史文化价值的街区和古村镇，同样具备独特的"非复制性"地域文化特征。因此，在利用文创产业来打造原创IP品牌、重塑文化认同时，可在一定程度上借鉴故宫的成功运营经验。首先，要守正。深入挖掘并整理当地独一无二的历史文化要素和人文特质等传统文化资源，包括宗教信仰、生产生活方式、风俗习惯、文化艺术、民间技艺等，尽量保留其"原汁原味"的"可识别性"，引起民众的共鸣。其次，要创新。把优秀的传统文化用丰富多样的艺术形式进行当代的诠释与表达，从传统文化资源中提取与大众生活相融合的元素加以创意设计，将其打造成各类富有故事性和实用性的文化创意产品，并把每一个产品的业态做到极致，让当地灿烂的物质文化和非物质文化遗产真正实现可触摸、可传承、可转化。再次，可利用新媒体，充分运用网络媒体如微信朋友圈、微信公众号等力量进行传统文化的传播与营销，扩大文化影响力，让历史文化街区和古村镇真正成为复兴传统文化的载体，真正做到传统文化的创新型发展，塑造在地文化品牌形象。

（五）坚持以人为本，处理好民众参与和共生发展的关系

在历史文化街区及古村镇的保护发展问题上，业界和学界观点不一，有的专家坚持"整旧如故，以存其真"，有的专家认为可将其建成一个活的建筑博物馆。笔者却认为，"修旧如旧"也好，"活的博物馆"也罢，都应该把落脚点放到"以人为本"的原则上，积极鼓励原住居民参与其中。最理想的保护发展方式，不是整体搬迁，而应该是在政府的主导下，尊重原住居民的意愿，维持原住居民的生活场景，并鼓励他们共同参与保护发展。在历史街区及古村镇的保护机制里，原住居民才是主体，没有他们深度参与的保护是缺乏内在动力的。

台湾地区的"社区总体营造"近些年取得了诸多成功的经验，其中，引导社区居民主动参与、开展"公民美学"运动，以及通过文化创意来振兴地方经济等方面，对大陆古村镇的发展具有很大的借鉴意义。首先，台湾地区推动社区营造策略，强调保存传统和地方特色，透过文化创意产品媒介，引导社区居民意识到传统文化艺术是具有高度生产价值的重要文化资本，吸引社区居民深度参与社区营造，主动投入保护与发展文化遗产的行列。其次，为社区寻求当地文化与环境资源的特色元素，挖掘具有地方性、传统性、创意性、手工性的文化资源，结合文化创意，使之与地方产业有机整合，建立在地化产业的可持续经营发展模式，如三义木雕、美浓纸伞、白米木屐等①。这种发展策略使传统文化与艺术创意成为地方产业发展的共生环节，这是现在台湾乡镇村落主要的发展方向。再次，台湾地区非常注重引导原住居民"在地参与"，如"桃米村"

---

① 李跃乾：《台湾发展文化创意产业的经验》，《理论参考》，2014 年第 10 期。

开创了"雇工购料"的社区营造模式，由当地居民参与设计并利用当地的原材料进行社区内河道修复、湿地改造和竹桥、蜻蜓流笼、蛙树屋、凉亭等具有浓郁地方特色的建造。这种"在地参与"的价值在于增强了原住居民的幸福感与获得感，体现了原住居民对于社区和社区事务的主动权①，并使他们在实际参与营造的过程中不断提高保护、主动和奉献的意识，因为最大的受益者是原住居民自身。这样的以社区居民为主体的传统与现代的共生机制对于大陆历史文化街区和古村镇的发展改造具有很大的启发意义。

（六）坚持完善立法，处理好整体性保护和科学性发展的关系

当前，我们对于历史街区及古村镇保护机制、法规的制定还是相对滞后的。要从源头上有效遏制历史街区及古村镇保护发展中的乱象，还需要政府主导，通过健全法规来保障相应的监察机制与监督机制的实行。相比之下，国外发达国家对于历史文化遗产保护的立法已经相对成熟。国外最早对历史街区等进行立法保护的是法国，在 1962 年颁布了《马尔罗法》，规定将有价值的历史街区划定为"历史保护区"，纳入城市规划的管理，保护区内的建筑物不得任意拆除，并要求将某些历史建筑原样整修，保存其外表，但在内部加建生活设施，使居民可以有好的条件继续居住②。英国街区在发展商业模式的同时，更注重保护街区的原貌与文化，重视保护规范先行，自 20 世纪 60 年代以来，英国先后出台了《城市宜居条例》《城乡规划法》《（登录建筑和保护区）规划法》等法规。此外，英国各地方政府还把街区保护发展成为一种"全民活动"，鼓

---

① 顾远：《台湾用 10 年搞明白，"社区营造"原来不是我们想象的那样!》，《东南早报》，2016 年 3 月 7 日。

② 王景慧：《保护历史街区的政策和方法》，《前线》，2001 年第 12 期。

励居民参与，也明确了区内居民的义务①。

　　可喜的是，近两年，我国各级政府对于历史文化街区及古村镇的保护意识不断加强，对于保护历史街区及古村镇建筑的原真性，保护原住居民的居住空间等方面的意识不断加强，也已出台相关制度规定。如2019年，山东省起草《山东省历史文化名城名镇名村保护条例（征求意见稿）》公开征求意见，这是山东省首次对省级历史文化名城、名镇、名村等建立警示和退出机制。安徽省也出台了《加强历史文化名城名镇名村街区及历史建筑保护工作的意见》。这些省都提出"对居住型、商住混合型历史文化街区，不得违背群众意愿搬空原住民进行商业、旅游发展"，"保护历史文化遗产的原真性"，"避免过度商业化"等明确要求。然而，以法律形式给予的强制约束仍然是相对缺乏的。因此，完善相关立法，做到整体性保护、科学性发展历史文化街区及古村镇，任重而道远。

（作者单位：福建社会科学院）

---

　　① 《阅读"活的"建筑：如何待续历史文化街区的生命？》，http://www.sohu.com/a/146848443_182272,2017年6月7日。

历史街区更新中的空间生产与情感建构

——以上下杭为例

孙　菲

一、引言

随着我国城市化进程的飞速发展，城市土地资源已经由"增量扩张"向"存量优化"转变，旧城空间更新再生产成为必然诉求。人们的社会生活方式在经济社会发展与转型过程中也发生了显著的变迁，对于城市功能不断提出新的要求。因而，关于"城市更新"的讨论开始成为近些年与城市发展相关的热门话题，城市更新也成为城市政策的重要组成部分。

历史文化街区多分布在城市中心地段，集中体现一座城市的历史文脉，是具有不可替代性、不可再生性、准公共物品等特性的城市遗产资源。在资本逻辑和发展主义理念的驱动下，对老城区进行大拆大建、仿古造假一度成为"文化搭台、经济唱戏"的流行选择，这不仅没有传承、发展地方文化特色，反而破坏了城市肌理，造成文化空洞、形象趋同，此为我国城市街区更新的第一阶段。在经历了这一阶段简单粗暴的更新后，许多城市和地区进行了反思，老街区的更新进入了第二阶段，真正注重梳理城市文化资源，挖掘城市文化特色，细化街区文化定位和功能区分，将历史文化资源转变为文化资本，既考虑经济效益又兼顾街区保护。

根据列斐伏尔的空间生产理论，这一阶段历史街区空间重构遵循的是资本主导的生产逻辑。列斐伏尔在《空间的生产》中提出当代社会已由空间中事物的生产转向空间本身的生产这一重要观点，并认为这一转变是生产力自身的成长，以及知识在物质生产中的直接介入，其具体表现在具有一定历史性的城市的极速扩张、社会的普遍城市化，以及空间性组织的问题等方面①。城市社会的空间形态和组织方式正是社会关系、经济结构，以及各种社会组织之间的博弈，是对生产关系和社会关系的再生产活动。他提出了空间结构的三要素，即空间的实践、空间的再现和再现的空间。

历史街区在物理空间的重构中，首先，改造文化景观，打造休闲消费景观，开发适合文化旅游的场所，参与地产投资与建设，这些"基本的物质表现形式"即哈维所说的"第二自然"，本质上是"资本本身发展需要创建一种适应其生产目的的人文物质景观的结果。……是由工业资本利润无情驱逐和支配的结果"②，其根本动力是追逐最大化利润收益。其次，从社会空间的重构来看，历史街区的空间商品化在所难免，从"空间中的消费"到"空间的消费"，从物的消费到文化的消费，再到历史文化价值的符号消费，种种商业探索过程使得参与街区更新的多元主体产生了社会结构的分化与重组。居住主体与其他群体之间的空间隔离与分化尤其突出。再次，历史街区的更新是由政府主导的自上而下的开发活动，

① 包亚明主编：《现代性与空间的生产》，上海：上海教育出版社，2003 年，第 47 页。
② 张应祥、蔡禾：《新马克思主义城市理论述评》，《学术研究》，2006 年第 3 期。

制度实践背后是资本主导的动力逻辑，对城市价值的开发和经营在这一逻辑中还是"城市增长机器"理念。资本主导的生产逻辑是历史文化街区更新的主线逻辑，这也是全球化与消费主义背景下的时代选择。

但历史文化街区相较于其他城市文化资源而言有其独特的一面，尤其具有城市地标意义的或者具有城市独有文化意义的历史建筑，承载着居民关于这个城市的社会记忆和文化体验。因而，对其的保护与开发除了要考虑资本主导的生产逻辑外，还要更多地考虑其作为公共空间的社会性，在更新活动中整合情感因素，遵循一种体验逻辑，或者称之为情感逻辑。

二、以上下杭历史街区更新为例的实践剖析

福州上下杭与三坊七巷、朱紫坊一起构成了福州三大历史文化街区，是福州历史文化名城的核心组成部分，是福州商业文化的见证，也是闽都文化的重要传承区域。上下杭自明代中叶发轫，至民国臻于鼎盛，是福州早年的商业中心和航运码头。两岸商帮会馆林立，据记载，双杭地区建有兴安、南郡、浦城、延郡（平）、建宁、周宁、寿宁、泰宁、尤溪、福鼎、建郡、绥安、邵武、江西南城等14个会馆，商贾云集，行业众多。据方志记载，上下杭有茶商业、土产业、绸布业、国药业等21种行业，目前依然存有咸康药行、黄恒盛布行、罗氏绸布庄、生顺茶栈等商行遗址。新中国成立后，上下杭商业地位逐渐丧失，清末及民国时期建筑老化破坏严重，随着周边商业开发，上下杭地区显得更加破败。

2012年3月，福州市明确了由具有街区保护工作经验的福州市三坊七巷保护开发有限公司统筹负责上下杭历史文化街区的保护修

复工作，由市政府先期拨付 1.5 亿元作为上下杭项目启动资金，并委托北京清华城市规划设计研究院和福州市规划设计院共同编制上下杭历史文化街区保护规划。根据规划要求，上下杭历史文化街区总用地面积为 31.73 万平方米。街区内现有各级文保单位 14 处，总占地面积约 1.9 万平方米。其中，省级文保单位 7 处，包括张真君祖殿（星安巷 88 号）、福州商务总会旧址（上杭路 100 号）、采峰别墅（上杭路 121 号）、咸康参号、黄恒盛布行、罗氏绸布庄旧址、生顺茶栈旧址；市级文保单位 3 处，包括星安桥、三通桥、黄培松故居（中平西路 172 号）；区级文保单位 4 处，包括高氏文昌阁（上杭路 134 号）、陈文龙尚书庙（三通街 2 号）、福州志社旧址（白马南路 101 号）、曾氏祠堂（下杭路 198 号）。区内未定级文物点 80 余处，包括龙岭顶关帝庙、法师亭、永德会馆、观音庵等，其余历史风貌建筑及街区市政基础设施修复建设面积约 24 万平方米。

2013 年 5 月，保护规划编制完成并通过了审定。保护规划将上下杭历史文化街区的特色和价值具体概括为福州历史文化名城格局的重要组成；近现代福州城市近代化进程全面、连续的见证；以闽商为代表的福州商业金融业发展与传承的重要载体；多元文化和多元阶层融合发展的社会和物质反映；与山水紧密关联的街区发展历史和文化；福州近代传统建筑演进的集中体现；福州革命先驱的前沿阵地等七大特点。并从功能结构的角度划分出了七个功能分区，分别为上杭路商贸会所区、下杭片商业休闲区、三捷河休闲旅游带、龙岭顶民俗休闲区、文化展示区、商业体验区和创意街区。

根据保护规划，上下杭的保护修复工作以"政府主导、实体运作、居民参与、渐进改善"为基本原则，依托台江区对街区居民的纾解腾迁，通过对文保单位、历史建筑的保护修复，对不协调建筑的整治、改造，对市政基础设施的配套、完善，对文化商业业态的优化，提升物质文化与非物质文化遗产的保护传承等措施，逐步把上下杭历史文化街区打造成以商业、居住、旅游、文化等复合功能为主，具有浓厚的中西合璧建筑文化特色和典型的福州闽商文化特色的传统街区。

2017 年，上杭路以南片区保护修复建设工程也基本完成，三捷河两岸修复及景观整治工程也基本完成。2017 年 6 月，上下杭"三捷河酒吧一条街"正式开街。2018 年年底，计划完成上杭路以北片区保护修复建设工程，从而全面完成上下杭历史文化街区保护修复建设工程。上下杭街区的运营管理采用 PPP 模式，三坊七巷保护开发有限公司通过邀请招标，以价格竞争方式确定国信招标集团股份有限公司为上下杭 PPP 项目的咨询服务机构。

三、历史街区空间重构的生产逻辑——资本主导

列斐伏尔认为空间生产具有三重性，即空间实践、空间表象和表现的空间。空间实践是可感知的物质环境，如街区的生产和再生产。空间表象是社会空间被构想的维度，表现为专家和政府对于街区的规划。表现的空间是直接经历的空间，是复杂的象征系统，是符号系统和想象空间。在上下杭的空间生产实践中，空间生产三重性具体表现为历史街区物理空间、空间规划与空间文化符号的生产。资本力量在上下杭重建中发挥了主导作用，并渗透到空间生产的各个层面。

（一）物质消费：街区空间消费价值的利用

历史文化街区的更新首先表现在物质空间，在消费社会的背景

下，街区的消费功能尤为突出。历史街区因其特色建筑与历史文化，成为近年来城市文化消费活动中的时尚场所。在上下杭历史文化街区更新的过程中，依托街区生产消费空间是大量资本投入的原初动力。利用现有的区位优势和文化符号，上下杭将被打造为炙手可热的消费黄金地段，在预期的未来具有较高的回报潜力，汇聚大量人流，吸引店铺入驻，刺激消费增长，促进商业繁荣，进而获得投资利润。如果没有适当规模的消费，资本无利可图，投资和人流的逐步减少将会导致街区失去活力。因此，基于历史街区营造消费空间，是街区可持续运转的关键。

要打造上下杭消费空间，就必须对现有街区进行空间改造，营造干净、舒适、适合消费的环境。首先，对部分原住居民进行搬迁。搬迁涉及 3258 户，耗资 60 亿元，虽然成本惊人，但为街区整体样貌保护及进一步商业开发腾出了发展空间。随着搬迁的逐渐完成及景观工程的建造，上下杭变得整洁优美，街区风貌改观，受到居民欢迎。其次，对文物保护单位、古建筑进行保护修复。上下杭存在 14 处文物保护单位及大量历史建筑，在尽量维持原貌的基础上进行了保护性的修缮工作，对于打造街区文化特色，吸引游客具有重要作用。再次，进行街区业态筹划。上下杭空间布局建构了三大区块：艺术商务区，如精品艺术酒店、文创企业基地、高端民宿等；文创休闲区，如旅游纪念品、民间手工艺、DIY 体验馆等；风尚夜月区，如时尚餐饮、音乐酒吧、KTV 等。除此之外，为了方便游客游览与住宿，对市政管线、道路、绿化、景观等配套设施进行了改造和升级。

在上下杭的空间改造中，资本主导了生产逻辑，历史文化街区建设前期需要投入大量资金，承担着巨大的资金压力，必须快速收回开发成本。上下杭首期开放运行的是风尚夜月区的酒吧一条街，尽管酒吧一条街与上下杭的历史文化特征联系并不紧密，但是其营利能力较强，能够快速获得收益，提升街区人气，满足开发商的营利需求。在上下杭招租的店铺中，已经有不少通过新媒体运作成为"网红店"，备受游客青睐。获得可观的经济收益是历史街区更新成功的重要标志，也是企业和政府都希望看到的结果。

（二）文化消费：街区历史文化价值的开发

然而，仅仅追求物质消费难以成功改造历史文化街区。上下杭与其他商业圈的区别就在于其历史文化特性。历史文化街区的优势在于其独特性，而资本的逻辑却导向了一致性。在资本世界中，降低风险与降低成本是获得利润的必然要求。从降低风险来看，借鉴甚至抄袭其他景区已经成功的商业模式能够有效降低风险并节省开发设计的成本；从降低成本来看，标准化的产品能够通过大量生产而大幅降低成本，但最后的结果是打造了如同同一模具生产出来的标准化产品。因此，历史文化街区在追求物理空间的资本价值之外，还必须从物质消费向文化消费转型，凸显本地文化特色。

"海丝夜明珠，风尚上下杭。"上下杭是海上丝绸之路的重要港口，是"海丝福州"的典型缩影。与三坊七巷、朱紫坊历史文化街区截然不同，上下杭本来就是由商业而兴起，因此传统商行文化价值突出，传统商业形态丰富，脉络传承优势明显。受繁荣商业的影响，上下杭形成了具有开放性和包容性的文化。而今，在历史文化街区的定位中，"海丝文化"成为上下杭独树一帜的文化特色。上下杭历史文化街区的更新特别重视对古建筑的保护。古建筑不仅是物质空间的呈现，而且是文化符号的载体，通过建筑的非语言形式，能够营造出特定的文化氛围。值得一提的是，在上下杭历史文化街区内，一些进驻的店铺根据上下杭总体建筑风格来设计装修风格，实现了设计风格上的统一，对于刺激文化消费具有重要意义。此外，上下杭在规划中对原有遗产资源和文化本底做了充分的了解，面向后现代主义旅游消费行为方式的需要，进行创意文化的融合。有关上下杭历史文化街区的摄影、明信片、手绘，以及其他的工艺品都已经不再是简单的物质消费，而是一种凝结了创意与符号的文化消费。

（三）城市增长：街区规划设计的动力机制

上下杭历史文化街区的开发与规划设计的原因可以归结为：为了城市增长。莫罗奇、洛根最早提出"城市增长"这一概念，他们认为，美国的城市政治就是城市增长。不同力量因各自的目标形成了增长联盟，其中最重要的就是政治精英与经济精英的联盟。联盟形成后的城市行政体系被比喻成一架"增长机器"①。我国的城市规划，"为了增长"这一特征似乎更为明显。地方之间、城市之间存在着竞争关系。打造历史文化街区，不仅是提升城市文化竞争力的最佳选择，而且是提升城市经济竞争力的有效路径。

上下杭历史文化街区更新采取了 PPP 模式，在政府与企业之间形成了合伙式的合作关系，似乎形成了莫罗奇所谓的增长联盟，政府和资本都能够通过增长获利。莫罗奇等学者认为，由政治精英和经济精英组成的增长联盟一味追求增长，可能会损害其他群体的利益。比如，上下杭酒吧一条街每到夜晚灯光璀璨、噪音很大，给周边居民造成了不小的困扰，然而，这并不是说增长的合法性就不存在了。上下杭历史文化街区的更新并非是零和博弈，政府、企业、

---

①　A. 奥罗姆、陈向明：《城市的世界——对地点的比较分析和历史分析》，曾茂娟、任远译，上海：上海人民出版社，2005 年，第 43 - 51 页。

居民乃至整个城市都会从中受益，在利益上具有较强的一致性。问题的关键在于，如何在街区更新中照顾更多人的利益，在增进公共利益的同时防止对于个体利益的损害。

四、历史街区空间重构的体验逻辑——情感整合

在资本主导的生产逻辑下，历史文化街区的消费潜力将逐渐被开发到极致。然而，历史文化街区作为社会记忆的载体，传承着城市的文脉，凝聚着城市居民的共同情感，是居民生活和实践的公共空间，具有强烈的社会性意涵。在历史街区空间重构中，基于情感整合的体验逻辑开始与资本主导的生产逻辑并行，共同塑造着历史街区的空间样态。

（一）空间中的社会互动与情感流动

列斐伏尔认为，空间不是与人无关的永恒不动的空容器，而是由具有观念、情感的社会人所生产和创造的[①]。人的社会关系在空间中呈现，人们的互动也在促进空间的形成。索杰将空间分为第一空间、第二空间与第三空间[②]。第一空间指物质化的现实空间，第二空间指人们对现实空间的主观反应，第三空间是两者结合的空间，具有动态鲜活的特征，是城市空间真正深层的本质。对于历史文化街区的更新来说，空间中有情感的人的互动，以及人与空间的互动是历史文化街区的核心要求。

"百货随潮船入市，万家沽酒户垂帘。"宋代诗人龙昌期的诗生

---

① 陈忠：《空间辩证法、空间正义与集体行动的逻辑》，《哲学动态》，2010 年第 6 期。
② 索杰：《第三空间：去往洛杉矶和其他真实和想象地方的旅程》，陆扬、刘佳林、朱志荣，等译，上海：上海教育出版社，2005 年。

动地描绘了福州地区的商贸与生活的图景，是对上下杭的生动写照。福州上下杭作为沿航道衍生的街区，是闽商文化的缩影，在历史发展进程中，其文化符号的象征属性不断增强，承载着福州人的共同情感。上下杭由于临近闽江内河三捷河，交通便利，汇聚了大量的商行，促进了广泛的交流与社会互动，衍生出独具特色的生活方式和空间风貌。可以说，上下杭由商业活动而起，其本身的兴起即是丰富的社会互动的产物。上下杭有很多商业会馆，其中著名的如古田会馆。古田会馆是民国四年（1915）由古田籍商人在福州集资建造的，具备停宿、储运、交际功能，在同行业互帮互助，以及开展公益事业、回馈社会中发挥了重要作用。古田会馆以地域命名，体现出浓浓的地缘意识，商业会馆的性质又体现出业缘意识。可以说，商业会馆不仅是利益共同体，也是情感共同体。

在上下杭更新重建的过程中，建筑物被重塑，凝结于建筑物之上的共同情感的意蕴也得以重构。在上下杭的建设当中，开发方注重促进建筑空间内的富有情感属性的社会活动。如结合福州的民俗节日，积极开展各种特色民俗活动，吸引民间手工艺人入驻，使上下杭兼具传统文化的展示和交流的功能。在这种活动中，情感超出了静态的符号象征，成为流动的、鲜活的情感互动，让历史街区重新焕发活力。通过对商业会馆的再开发，商业会馆的功能得以恢复并升级，商业会馆的文化和情感在空间中得以重现，古今交融，激荡回响，迸发出新的生命活力。由此，历史文化街区将不仅仅是展示的空间，而且是富有感情的互动空间。城市居民生活于其中，互动于其中，生产与再生产着文化，也生产着新的情感意涵。

（二）空间生产中行动者的情感建构

索亚认为，空间是"集体性行为和意向的产物，故而很容易被调节和改变"①。现代城市空间充满矛盾与冲突，在不同人群的博弈中，城市空间不断被再生产。其中，"空间消费者"与"空间生产者"是重要的、相互对立的主体。"空间生产者"拥有资本和权力，把控着土地配置、空间规划、空间建设、空间出售等活动，"空间消费者"则由普通大众组成。在两者的博弈中，作为松散组织的"空间消费者"处于弱势地位，虽然具有共同利益，却无法实现共同行动，因此城市空间被规模较小、能够达成共识的"空间生产者"主导。在历史街区的更新中，我们发现空间并非完全由"空间生产者"决定，"空间消费者"的共同情感能够转化为行动，并影响空间生产。

历史文化街区由多元行动者共同建构。政府与企业是空间生产者，居民与游客是空间消费者。政府和企业确实具有优势地位，可以决定空间生产的样式。然而，居民和游客才是让历史街区充满活力的关键。我们在实践中看到的并不是政府和企业以其强制权力对居民权力的剥夺，恰恰相反，政府和企业在努力迎合居民的情感需求，满足居民对上下杭的空间想象。其中的关键在于，居民的认同感是历史文化街区成功的重要因素。由此，居民的情感需求得以影响空间生产者对于空间的建构。位于下杭的三通桥始建于清嘉庆十一年（1806），因三水在桥下相通得名。在漫长的岁月中，三通桥凝结了本地居民的特殊情感，成为重要的文化符号。2000 年，某开发商的工程队在施工中导致三通桥坍塌，引起了很多居民的极大不满。福州市政府高度重视，责成责任方承担三通桥的修复任务，以慰藉对于三通桥有着特殊情感的居民。由此可见，多元主体的情感对于空间产生着不同程度的影响。

---

① 索亚：《后大都市》，李钧，等译，上海：上海教育出版社，2006 年，第 8 页。

（三）个体情感体验与社会记忆的勾连

建筑是社会记忆的载体和表现形式，文化符号附着于建筑之上，具有超越个体和时空的意义，社会记忆因之得以留存。历史文化街区一方面贮藏了社会记忆，另一方面也是社会记忆与个人情感体验联结的媒介。社会记忆虽然是超脱于个体的，却又是依存于个体的。社会记忆依赖于记忆主体的思维运作，存在于个体的话语中、体验中与情感中。莫里斯·哈布瓦赫曾指出，社会记忆在个体体验中的唤醒，一方面指向过去的记忆本身，另一方面是此刻所处的状况的激发①。历史文化街区中的文化符号与个体的认知图式产生共鸣，将会实现个人情感体验与社会记忆的联结。

福州自古以来就是中国对外贸易的重要口岸。唐宋时期，福州已成为繁华的国际贸易港口，是"海上丝绸之路"的重要门户。全国甚至全世界的货物由海上丝绸之路运到福州，从闽江进入寻常百姓的家庭中。这些社会记忆凝聚在上下杭的古建筑中，时时刻刻诉说着"海丝福州"昔日的辉煌。当游客置身于上下杭历史街区时，在建筑符号和文化氛围的激发下，沉浸到由建筑符号营造出来的历史感中，个体便得以与更为深广的社会记忆相连接，进而产生浓烈的情感体验。通过社会记忆与个体体验的勾连，个体的生命与城市文化融为一体，形成对于城市文化的认同感，实现个体归属感与城市凝聚力的相得益彰。不具有情感的记忆是不鲜活的，缺乏情感承载的记忆是难以持久的。只有在个体体验中，社会记忆才具有生命力和活力。个体情感在历史文化街区的空间中激荡，社会记忆得以复活，城市文脉得以延续。

---

① 莫里斯·哈布瓦赫：《论集体记忆》，毕然、郭金华译，上海：上海人民出版社，2002 年。

五、问题与思考

上下杭历史街区修复至今，其保护与开发策略可圈可点，它既没有大拆大建、仿古造假，也没有一味政企联合推行改造，它在保护规划之初就提出"居民参与"的原则，注重多元主体参与，注重在开发过程中主体自身价值的建构，这是对历史文化街区保护与开发实践的重要探索。上下杭街区的更新是福州市对于找寻地方文化特色传承与区域经济发展平衡的思考，是城市的文化自觉，通过物理空间的更新改造和文化导入，实现了社会、经济与文化的多重效益，通过资本化运作实现了历史文化街区文脉传承、城市空间开发、经济增长的共赢。但在调研过程中，依然有不少问题值得深入思考。

（一）空间生产实践中的绅士化与空间区隔

"绅士化"最早由 Glass 在其关于伦敦内城的研究中提出的，用于指称中产阶级不断向中心城市内城的某些衰败街区迁移，并修缮和改造旧城破败的住宅和建筑，逐步改善街区的物质景观和商业环境，从而引发周围房产价格和各项生活费用上涨，迫使较为贫困的原住居民向其他街区迁移的过程[①]。上下杭街区在更新规划出台后，就对街区原住居民进行了腾退搬迁工作，为街区消费空间的发展提供便利，街区环境迅速更新，商铺数量增加。从上下杭街区及其周边业态发展来看，街区的空间区隔已然形成。根据街区文化定位，上下杭要打造福州夜生活的消费空间，进驻的商家多是具有独

---

① 孙群郎、常丹丹：《美国内城街区的绅士化运动与城市空间的重构》，《历史研究》，2007 年第 2 期。

特文化氛围和小资情调的消费场所，例如酒吧、咖啡厅、休闲书屋，目的在于迎合具有较强消费能力和个性化审美品位的新兴社会阶层。修复后的南方日报社旧址、邱德康烟行、中平旅社等古建筑成为"拍照圣地"，上下杭还不断推出系列"网红店"，吸引年轻一代个性化消费群体。笔者对上下杭调研时正赶上第五届丝绸之路国际电影节系列活动在上下杭开展，前来游玩的福州市民络绎不绝，紧邻三捷河南岸的中平社区是一个老旧社区，社区穿过那座小小的星安桥与河北岸连接起来。当时北岸星安桥巷 80 号正开展"电影怀旧设备展"，参观的游客不少，隔壁的咖啡厅门口有花式篮球街头表演，劲爆的音乐引来游客驻足观看，巷子里创意集市摆放各色文创小玩意儿。站在星安桥上对照南北两岸景象，中平社区楼下四五个老人闲坐，寂寥无事的场景尤为扎眼，这是旧城改造与平民叙事的不和谐。"在适应变化的环境形势和消费潮流的过程中，今天的许多社会群体变得越来越具有流动性和灵活性。这样就造成了一种越来越具有分裂性的社会形态，而这种分裂性反映或积极地影响了当今城市化环境的物质性变迁"①，正如列斐伏尔所认为的，空间作为一种先决条件是社会行为的发源地，而社会空间也是空间分化产生等级和秩序的支架。空间本身所具有的符号意义令"社会—空间形态"更为复杂，而空间符号消费的兴起则强化了符号在消费上的分层与区隔作用。

（二）消费空间抑或社会记忆场域

　　城市的发展具有延续性，而反映城市过去发展历程的历史文化

---

　　① 根特城市研究小组：《城市状态：当代大都市的空间、社区和本质》，敬东译，北京：中国水利水电出版社，知识产权出版社，2005 年，第 66 页。

街区，则记载了关于这个城市的历史记忆，反映了城市的个性特征、历史信息，以及文化景观的多样性。城市在历史发展过程中形成的众多历史建筑、传统风貌和街巷形态，是维持一定地域的社区结构的物质基础，其集中保存的地方文化传统及其他独特的文化遗产，又是联系世代居住于此的人们的精神纽带。这些街区保存着街巷空间的记忆，影响着不同群体的地方文化认同，对于延续城市历史文脉，使人们不至于在剧烈的城市化变迁过程中感受到社会、文化、制度和环境等方面的断裂具有重要意义。保护历史文化街区，将碎片化的社会记忆联结起来，形成地域性的社会记忆场域，是开发历史街区的题中应有之义。

但是由于消费文化的传播具有全球化特征，全球化肢解了一些传统城市既有的地域认同感，而新的文化认同尚未建立——依靠快感化、符号化、均质化的处于主流地位的商业文化很难建立起有地域特色的新文化体系[①]。一方面，历史街区在改造修复过程中，将具有地方传统特色的稀缺元素提取出来，通过商业化的设计和包装进行戏剧化夸大，形成一系列体验型消费景观，充斥着"虚假"和"俗艳"。另一方面，历史文化与消费文化表面上融合在一起，传统文化似乎在某种程度上得以传播，但均质化的发展使我们看到，地方文化特色在其中得到了另类社会重建，甚至在对消费文化的适应中实现重组。这样的街区空间重构和发展是不是我们想要的呢？值得思考。

（作者单位：福建社会科学院）

[①] 荆哲璐：《城市消费空间的生与死——〈哈佛设计学院购物指南〉评述》，《时代建筑》，2005 年第 2 期。

复兴乡村古镇：乡村振兴战略的文化使命

郑斯扬

乡村振兴战略是党的十九大报告中提出的重大决策，是关系国计民生的重要问题，也是全面建设社会主义现代化国家的重大历史任务。

"走中国特色社会主义乡村振兴道路"首次在2017年12月29日的中央农村工作会议上提出，旨在让农业成为有奔头的产业，让农民成为有吸引力的职业，让农村成为安居乐业的美丽家园。党的十九大报告中指出，实施乡村战略，要按照产业兴旺、生态宜居、乡风文明、治理有效、生活富裕的总要求，建立健全城乡融合发展体制机制和政策体系，加快推进农业农村现代化，构建现代农业产业体系、生产体系、经营体系，完善农业支持保护制度，发展多种形式适度规模经营，培育新型农业经营主体，促进农村一、二、三产业融合发展，拓宽增收渠道，加强农村基层基础工作，健全自治、法治、德治相结合的乡村治理体系。

实施乡村振兴战略，必须在乡村的基底上找到新的出发点和落脚点。复兴乡村古镇恰好可以成为实现这一目标的载体，推进乡村振兴的一个重大举措就是以乡村古镇的核心文化价值为依托，重视优秀传统文化的精神价值和物质价值，树立正确的保护观、利用观、发展观，充分注重和发掘乡村包括人文景观、自然环境在内的乡土资源，并与文化创业发展相结合，构建有经济价值、社会价值和文化价值的乡村振兴之路。

一、复兴乡村古镇：乡村振兴的文化立场

复兴乡村古镇首先表现为一种文化立场的选择。这一举措凝聚着群体性的情感，表明民族共同体对共同持有的价值观念的认同与坚守。

具体来说，复兴乡村古镇是乡村振兴战略的必由之路，既是对中国优秀传统文化的继承，又是带动经济发展的举措。复兴乡村古镇是推进乡村振兴、保护和传承中国传统文化的重要抓手，对于树立文化自觉和文化自信，结合新时代要求传承和弘扬优秀传统文化具有重大意义。

在中国改革开放的历程中，建设乡村始终是不断深化改革的战略部署，也是现代化进程中重大的历史任务。从 20 世纪 70 年代末到现在，这些决策与部署深刻地改变了乡村的生产、生活和生态形态。改革造就了一个个新的乡村，这些乡村的创新创造力不但大大超过改革前的状态，而且总结形成自我发展的智慧和经验，进而融入乡村建设新的模式与理想之中。

一直以来，新农村建设都存在一个误区，就是按照城市的理念和方式设计、规划和建设，从而导致大量的村庄被拆，取而代之的是以一幢幢高楼为标志的新农村社区。这种方式尽管改善了农民的居住环境，却破坏了乡村原有特征和风貌，甚至损坏了许多有地方特色、有文物价值的物质文化遗产，其结果是乡村传统的文化风俗和价值信仰受到严重的破坏。2013 年，习近平总书记在中央农村工

作会议上指出：搞新农村建设要注意生态环境保护，注意乡土味道，体现农村特点，保留乡村风貌，不能照抄照搬城镇建设那一套，搞得城市不像城市、农村不像农村①。并强调"中国要美，农村必须美"②，这一论断明确了乡村建设的文化立场、文化态度，表明乡村建设仍然要在本土身份中求索发展，最重要的是不能离弃乡土传统和乡土文化。

　　复兴乡村古镇不仅是思想与实践的关系，同时也是全球一体化和本土化之间的激烈对话。复兴乡村古镇为乡村文化的复兴提供了巨大契机，标志着中国乡村建设的文化立场和文化态度的转变，说明乡村建设摆脱了唯经济指标衡量乡村发展的单一思路，找到了文化自觉和文化自信的立足点。复兴乡村古镇，以古村镇为建设的基点，从传统的文化形态中挖掘内涵与精神，明确乡村文化自觉和文化自信的主体性，是新的历史阶段乡村建设的前提条件和真正起点。中国广大农村地区的自然地貌有平原、丘陵、盆地、山地等不同类型，按照地域分类又可分为东部、中部、西部地区；按照经济发展水平可以分为发达地区、中等发达地区和落后地区。因此，复兴乡村古镇、必然要结合不同地区、不同经济发展水平、不同类型的村庄，立足实际来推进实施，那么结合每个村镇的具体情况就变得尤为关键。古村镇的建筑承担了表现过去和表达特定历史意识的任务。从这个角度讲，复兴乡村古镇无异于重归本源，只有真正确立文化本源，才能真正扎实推进乡村振兴战略。

---

① 习近平：《在中央农村工作会议上的讲话》，中共中央文献研究室编《十八大以来重要文献选编（上）》，北京：中央文献出版社，2014 年，第 683 页。
② 同①，第 685 页。

二、复兴乡村古镇：文化产业视域中的乡村发展

发展是解决我国一切问题的基础和关键。发展理念是发展行动的先导，是发展思路、发展方向、发展着力点的集中体现。

复兴乡村古镇应该以文化为先导，激活传统文化，创新现代文化，形成丰富多样的文化产业经济复兴模式。乡村古镇文化产业经济的发展理念不是凭空得来的，而是在深刻总结国内外乡村建设的经验教训，深刻分析国内外乡村建设发展大势的基础上形成的，是针对我国乡村建设中的突出矛盾和问题提出来的。

文化产业是一种特殊的文化形态和经济形态，指为公众提供文化产品和文化相关产品的生产活动的集合，以及具有文化内涵的特色产品的生产内容和部分行业。创新是引领发展的第一动力，乡村古镇的开发和利用注重的是解决发展动力的问题，必须把文化价值的输出放在核心位置，让文化的创新贯穿在意义生产、审美展现、精神传播等环节中。乡村古镇的开发和利用极大地促进了文化产业衍生品的创新发展，如呈现当地传统文化、自然风貌、人文景观、民族习俗、逸事典故、革命事迹等的照片、明信片、邮票、服装、摆件、家具等各类文化产品，以及度假旅游、农事体验等所有与之相关的物质与精神的文化产品。

乡村古镇的开发往往采用文旅模式。这种模式不是传统意义上的旅游观光，而是结合了地产开发的很多项目，例如与旅游配套的民俗展示、农家客栈、酒店等。很多乡村古镇已经与项目公司合作，项目公司结合当地的具体情况以古村镇为中心进行旅游用地开发，并相应开展各种文旅体验模式。

一个时代的制度与政策必然体现为为经济和政治、文化和社会

的发展需要服务。今天，以乡村古镇为载体的文化产业的兴盛与发展，必然作用于当地的经济和政治、文化和社会的发展，必然要坚守"文化根脉"，同时要把传统文化的精髓与现代文明元素相融合，让古村镇的复兴真正保留住乡土文化，看得见山水，记得住乡愁乡情，使古村镇的文化传统成为涵养美丽中国的源头活水。

我国是多民族国家，每个民族都有自己绚丽多姿、底蕴深厚的历史文化。利用历史文化资源复兴乡村古镇，在发展经济的同时有效铭记悠久的历史传统，保护文化遗产和民族文化的传承，从而增进民族团结，维护国家统一及社会稳定的重要文化基础，是乡村建设中必须重视的大事。乡村古镇，尤其是历史文化名村名镇历史悠久，保留着许多富有地方特色的建筑风貌和文化精神，这些传统的建筑因乡村保护和利用的发展思路而形成了自身的文化产业特色。从经济的角度说，一方面，乡村古镇本身就是当地的文化名片，不仅能够提升地方产品的竞争力，而且能提高供给侧水平；另一方面，乡村古镇的文化传统和文化精神，既可以为当地的文化产业发展及其他的产业发展提供丰富的审美原创力和精神内涵，又可以作为文化传统的"经典"或"正典"，为文化与产业发展方向上偏离本土、脱离实际的做法起批判与纠正的作用。复兴乡村古镇，需要紧紧抓住文化产业的发展思路，但决不能背离乡土文化精神。将"文化＋"充分融入古村镇的开发之中，始终让文化产业的发展全方位贯穿中华民族独特的精神标识，灌注着中华民族最根本的文化基因。

三、复兴乡村古镇：提升民族文化凝聚力

人民有信仰，国家有力量，民族有希望。要把复兴乡村古镇作

为凝魂聚魄、强基固本的基础工程，广泛开展保护传统文化的活动，不断夯实中华文化的思想道德基础。古村镇不是一个简单的建筑实体，而是具有历史和记忆的生活之所，也是传统与文明汇聚之地。可以说，古村镇是民族传统独特的文化记忆载体。联系当下的乡村振兴战略，复兴乡村古镇的行动关乎文化精神的传承，关乎民族文化凝聚力和软实力的提升。

从历史上看，虽然中国历经了数次的分裂与动荡，但是总能跨过千难万险，归于统一。联邦德国前总理赫尔穆特·施密特在接受记者采访时曾惊讶地表达心中的疑惑："不能解释中国历史为什么可以追溯到四千多年前。中国作为统一的国家已经存在了约两千二百年……何况中国还是一个没有共同的宗教的国家——真是不寻常。"① 每一个文化都试图在原始的阶段将自身的秩序确立为世界秩序。乡土性的中国本质，使中国人早早就认清以生存和安全为核心的"安全第一"的生存伦理的根本性。祖祖辈辈的农民们视土地为生存之根，把劳作看作最基本、最稳妥的经济活动和生存方式。中国人有特殊的独一无二的意识，因为需要以土地为生，相信集体之力，相信人定胜天，因此，中国的农耕文明深刻地表达了合作共生的信仰，即借助团结之力凝聚民气、夯实根基、奋发进取、克服万难。这既是中国的历史经验，也是中国人民凝聚力的体现。

事实上，凝聚力与软实力具有同源性，即文化自信力。文化软实力集中体现了一个国家基于文化而具有的凝聚力和生命力。文化向内形成一个国家的文化凝聚力，文化向外构筑国家的文化实力。复兴乡村古镇是一项"形于中"而"发于外"的重要的战略举措。

---

① 赫尔穆特·施密特、弗朗克·西伦：《理解中国：对话德国前总理施密特》，梅兆荣、曹其宁、刘昌业译，海口：海南出版社，2009 年，第 217–218 页。

其意义在于以传统文化精神为载体，推动文化事业和文化产业发展，构筑中国精神、中国价值、中国力量，从而汇聚人心，推动国家改革发展，进而夯实国家文化软实力的根基，真正让民族文化的力量在风云变幻的当代站稳脚跟。反过来看，国家文化软实力越强，国家在国际上的影响力也就越强，在推动建立国际秩序上发挥的作用也就越大，能够更加鲜明地展现中国思想，提出中国主张。

正是在这个意义上，复兴乡村古镇具有挖掘传统文化精髓、紧紧抓住时代文化核心价值、加快传统与现代文化的有效融合、发挥媒介传播功能的重大作用。复兴乡村古镇体现了从实际出发，弘扬中国精神的战略思想，始终革故鼎新、自强不息、团结一心，大力振奋全民族的文化自信心。

四、复兴乡村古镇：乡土记忆与文化赋能

复兴乡村古镇应立足当代现实，结合当今时代条件，发展面向现代化、面向未来、具有人与自然和谐发展的现代化乡村。复兴乡村古镇也是一项改革举措，以更大的智慧和勇气推进乡村的建设与发展，用全局观念和系统思维谋划发展路径，推动乡土中国的长远发展。

复兴乡村古镇有其深刻的文化思想历史背景，并未停留在概念的层面。从根本上说，复兴乡村古镇是推进乡村建设的客观反映。

乡村古镇是关于乡村的记忆与历史。记忆与历史的关系具有次序性。历史始于过去，如果不再被回忆也就不再被经验，那么历史感就会消逝。一个民族的发展需要不断地唤醒有关过去的回忆，回忆的价值在于被重新恢复和启动。一个民族的重大跃进、一种文明的重大发展，都离不开对于历史的反思。历史动力的作用从奠基转

化为对现实状态的纠正，至此，当下才有可能从调整、改革走向发展、创新。复兴乡村古镇并非将城市文化移植到乡村，也不是对乡村资源的简单利用，而是在文化转型变迁过程中，以高度的文化自觉和自信，守护优秀的传统乡土文化之根，持续发挥其深厚的凝聚力和创造力。

复兴乡村古镇不是一个时代交替的节点，而是文化思想的革命。要以文化为内生动力发挥文化补给与带动作用，推动"文化支农、文化惠农、文化富农"的乡村产业发展格局的形成。当下，乡村古镇以历史文化、乡村景观、民俗特色和农产品为载体，大力开发文化旅游景点，吸引人流并提升当地的知名度，开发不同特色主题旅游项目。复兴的乡村古镇已经形成了新型产业形态和消费业态，在促进农业提质增效、带动农民就业增收、传承中华农耕精神、推动城乡一体化发展方面都具有重要的作用和意义。

复兴乡村古镇建设在深化改革上的一个重要表现就是在现代元素中融入更多的生态文化元素和乡土文化元素，着力打造人与自然和谐共处、物质与文化交相辉映、生产与生活互促互进、传统与现代交流互融的村镇环境。党的十九大报告充分肯定了我国"生态文明建设成效显著"，同时指出要坚持人与自然和谐共生。走进生态文明建设的新时代，保护乡村的自然风貌是保护生态环境的首要目标。此外，还要采取不同的发展模式，结合每个古村镇所在地区的经济发展水平、地形地貌、民族文化传统等因素提升特色鲜明的古村镇环境。这同样意味着国家在乡村振兴发展思路上的转变，即在乡村文化建设方面更加注重保护乡村历史环境，强调资源整合、潜力提升的综合作用。尊重自然、顺应自然，依托现有的山水村落等独特风光，记住历史、记住文化、记住乡愁，从而把复兴乡村古镇的意义推上一个新的高度和层次。

　　乡村古镇承载着乡村历史，植根于世世代代乡村发展实践。乡村古镇的传统底色、建筑风尚和人文精神积淀着中国农耕文明的精神追求，包含着民族的精神基因，代表着民族独特的文明标识，不仅为文化思想的发展提供精神上的给养，也为乡村振兴战略提供思想动力。

　　从深层本质上看，复兴乡村古镇是乡村振兴的重要举措，也是保持乡村风貌的必然选择。复兴古村镇是文化赋能理念下的一次乡村综合改革，它蕴含着比保护修缮古村落、古建筑更为深刻和丰富的内涵。它既实现了对乡土文化的守护与延续的要求，又顺应了农民对幸福美好生活的向往。可以说，复兴的意义是继承传统、兼收并蓄，是守成创新、科学发展，是对乡村建设文化思想的承前启后和实施乡村振兴战略的思想依据。我们必须增强机遇意识，通过转变思路，创造性转化、创新性发展，充分挖掘中华传统文化的独特优势，激发乡村振兴的生机活力。

（作者单位：福建社会科学院）

［探索：实践考察］

"主体性"视域中福建屏南古村落
艺术乡建实践启示

王孟图

　　深厚的农耕文明、政权的成长境遇，以及时代社会的大转型，共同塑造了中国乡村在国家发展全局中的重要角色。然而，改革开放40多年来，中国经济社会发展主要聚焦于工业现代化和城市现代化，总体遵循的发展逻辑是先城后乡、以乡助城和以农助工，在工业化、城镇化建设积极推进的背后是城乡、工农发展的不平衡问题。中国乡村在这一过程中付出了沉重的代价，乡村人口锐减、生态环境恶化、乡风文明萎缩、乡村空心化和老弱病孺留守等问题凸显，城乡发展失衡问题已是无法回避的社会现实，因此，乡村复兴和乡村建设成为新时代中国社会发展的重要命题。新时代中国乡村建设让大量艺术家参与进来，让艺术走向乡村，让多元多样的艺术观念及形式融入乡村，让"看得见山，望得见水，留得住乡愁"的精神追求，通过艺术的审美感、媒介性和情感联结，全力开拓出一条中国乡村建设发展的新路径。

　　在大量的艺术介入乡村建设的研究成果和实践案例中，关于"主体性"的话题讨论最为密集。艺术乡建的"主体"究竟是谁？如何唤醒其"主体"意识？如何激发其"主体"精神的持续成长？

这些深层次和细节性的问题值得不断追问和深思。自 2015 年起，福建屏南县若干古村落的艺术乡建实践吸引了笔者的持续关注，特别是在屏南县双溪古镇及甘棠乡漈下古村、熙岭乡龙潭古村等地呈现出多村镇复兴的联动效应，当地推进村民"主体重塑"① 的理念和做法值得研究。本文拟基于对屏南县双溪古镇及甘棠乡漈下古村、熙岭乡龙潭古村的调研考察，聚焦当地在艺术介入乡村建设的过程中，村民"主体性"的确立及其持续成长过程中创新理念的形成和实践路径，对推进艺术乡建"主体性"问题进行深入思考。

一、谁是艺术乡建的"主体"

艺术乡建作为当代艺术语境中的一种实践形态，是一个涉及艺术、经济、人文、生态、管理及社会责任等多方面因素的系统工程，置身于中国乡村社会的现实场域中，牵涉诸多复杂的争议性问题，所触及的现实痛点和难处也不一而足。在参与艺术乡建的过程中，涉及艺术家、村民、政府、企业等不同的身份角色，彼此之间既存在千丝万缕的密切联系，又难免基于观念、思路、诉求和利益的冲突而产生矛盾。比如，村民最希望的是尽快致富，他们关心村容美化和生态整治也只是将之作为致富资本；艺术家的愿景在于乡村文化复兴和信仰重建，关注的是精神层面的升华；地方政府助推艺术乡建为的是将乡建成效成果作为政绩的重要部分；企业家则是期待艺术乡建在实践推广中产生丰厚的获利能力等。

无论如何，艺术乡建都是艺术回归现实、回归实践的一个注

---

① 季中扬、康泽楠：《主体重塑：艺术介入乡村建设的重要路径——以福建屏南县熙岭乡龙潭村为例》，《民族艺术研究》，2019 年第 2 期。

脚。因此，面对千头万绪的乡建难题，我们仍然要回到最初的叩问：艺术乡建的出发点究竟是为了谁？中国艺术乡建的早期实践者、艺术家渠岩曾坦言，初时选择山西许村是因为它"像桃花源一般美丽"，"和许村相遇"让他"仿佛找到了自己久已失落的家园和故乡"，获得了精神上"自救的途径"①。类似的还有左靖之于安徽碧山村、王澍之于富阳文村等。艺术家们大多选择山清水秀、乡风古朴、文化遗存相对完好的古村落作为理想的艺术现场。正如艺术批评家王南溟所指出的，艺术乡建是一种艺术创作的"突破"，"许村计划"本身即是"一件艺术作品"②。然而，当艺术乡建成为一种"艺术创作"或"艺术实验"时，它的出发点便发生了本质的偏离，如果艺术介入乡村的初衷是为形而上的精神救赎或文化艺术，而不是为了乡村、乡民，那么艺术乡建将缺乏内生动力和可持续发展潜力，终会陷入"号称乡村运动而乡村不动"③ 的窘境，特别是当艺术家出于各种原因终止了对于乡村的艺术援助，乡村复兴的脚步势必停滞不前。

事实上，艺术乡建不仅仅是成就一个旅游地或一个画家村、一个创客村，林林总总、眼花缭乱的乡村艺术表演、艺术节庆或乡村景观再造，都不是艺术乡建之要义。大量实践者在真正投身艺术介入乡村建设的过程中，都不同程度地产生了更多清醒和深刻的认识。渠岩坦言，乡建要基于"人心"而不是服从"审美"④；王澍

---

① 渠岩：《"归去来兮"——艺术推动村落复兴与"许村计划"》，《建筑学报》，2013年第12期。

② 邓小南、渠敬东、渠岩，等：《当代乡村建设中的艺术实践》，《学术研究》，2016年第10期。

③ 梁漱溟：《我们的两大难处——二十四年十月二十五日在研究院讲演》，《乡村建设理论》，上海：上海人民出版社，2011年，第402页。

④ 于娜、渠岩：《乡建要基于"人心"而不是服从"审美"》，《华夏时报》，2017年4月3日，第32版。

一次次与文村人沟通磨合，并欣喜于村民的适应、学习和理解①；左靖更是直截了当地断言"没有桃花源"，自己做的"不是艺术项目，而是乡村建设"②，云云。换言之，在艺术介入乡村建设的过程中，当地村民才是重要主体，尽管这一主体可能在现阶段还存在诸多问题和弱症，但他们的主体性地位必须坚守，不能动摇。

二、如何唤醒村民的"主体性"

村民是乡村的主人，是艺术乡建最重要的主体。但是，尽管村民们对于自己身处的乡村非常熟悉，却常常置身于乡建实践之外，并没有充分和自觉的主体性意识，往往成为乡建现场的缺席者。中国乡村具有浓重的"熟人社会"③的传统底色，当村民们面对艺术家等一系列外来力量时，经常持有的态度便是冷淡、观望，甚至怀疑。艺术乡建是一个渐进式的长期过程，任何激进的、短期的思路和做法都是不切实际的，而最初的困难主要是村民的不理解、不参与和不接纳。因此，从一开始就建立彼此之间的信任和好感，应是艺术乡建工作的第一步。这需要艺术家抛弃居高临下的孤傲姿态，在彼此平等和充分尊重的基础上逐步拉近与当地村民的距离，在"外来者"与当地村民之间逐步达成理解、认同与融和。

2015 年 4 月，福建宁德屏南县引进艺术家兼策展人林正碌先生及其团队，在屏南甘棠乡漈下古村开展"人人都是艺术家"的公益艺术教学活动，为村民们提供完全免费的油画教学。"人人都是艺术家"是林正碌独特的艺术观，他笃信每一个乡野村民，无论男女

---

① 殷梦昊：《文村新变》，《解放日报》，2018 年 5 月 28 日，第 5 版。
② 左靖：《输出乡村价值是新的挑战》，《艺术市场》，2018 年第 7 期。
③ 费孝通：《乡土中国　生育制度》，北京：北京大学出版社，2013 年，第 9 页。

老幼、健康抑或残疾，都可以通过艺术教育得到新生。在面向村民群体的油画教学中，林正碌抛弃了学院派的艺术创作手法，他教导村民完全可以跳过素描学习，"自己想画什么就画什么，喜欢什么就画什么，想怎么画就怎么画"①，他从不要求村民对照一幅名作或一张照片临摹，而是让他们自己用眼睛、用心去观察实物实景。这种美育观是从心理学角度引导村民们体察世界，让他们对于平日里熟视无睹的乡村生活换一个观察角度，多一点情感表达，而这种原初纯粹的情感表达对于绘画艺术恰恰是特别珍贵的。刚开始，村民们大多抱着好奇的心理旁观这个外来的艺术团队成员整日作画。然而，无偿的艺术助学、无设限的自由创作、无歧视的亲和态度，一再吸引着村民们的尝试和参与。在林正碌及其团队的无数次鼓励、认可和期许中，村民们开始大胆表达自己的内心精彩，在画布上自由展现自己的真诚、质朴、纯粹和率性。漈下村的甘氏宗祠、聚宝桥、候门岭、鲤鱼溪等都成为创作题材，村民们的油画创作逐渐蔚然成风，从十里八乡前来跟随林正碌学画画的村民亦越来越多。

虽然村民是艺术乡建最重要的主体，但是大部分村民都会存在"我能行吗"的内在疑虑，这几乎成为他们面对艺术家精英群体时的一种条件反射。尽管艺术家的初衷是善良的，愿望是美好的，但如果没有抛弃精英主义的话语方式，乡建工作仍然是困难重重。"人人都是艺术家"的艺术乡建理念及林正碌团队长期开展的公益艺术教学，是在乡建实践中真正倡导艺术的草根化和平民化，避免用精英主义的姿态介入乡村，让当地村民从信任"外来者"，接纳

---

① 访谈对象：林正碌，艺术家；访谈人：王孟图；访谈时间：2019 年 9 月 16 日；访谈地点：福建屏南县双溪镇安泰艺术公益中心。

"外来者"，逐步过渡到相信"自我"，接纳"自我"和肯定"自我"。无论是目不识丁的普通农民，还是生活困难的贫困户，甚至是罹患不幸的残疾人，林正碌都试图最大限度地用自己的悲悯心和责任心来扶助他们。学员们大都认为他"更像是一个人生导师或者哲学家，其次才是一个启发人画画、教人画画的艺术教育家"①。在乡村公益艺术教育的扶持下，村民们逐渐走近艺术，充分调动起观察事物、独立思考和动手创造的能力，在潜移默化的艺术熏习之中，他们开始懂得审美，敢于自我表达，关注自我诉求和情感，个体生命意识和人文情怀得到充分绽放。

同时，经历乡村美育艺术熏习的漈下村民，更具接纳新鲜事物的能力和意愿，村民们不仅学会运用互联网传播、营销自己的绘画作品，还在社交网络媒体平台上建立艺术爱好者交流群，通过互联网和自媒体将自己的原创绘画作品推向更广阔的天地，在更多元的平台展示新时代的村民主体形象。一幅幅村民画作被收藏、被认可、被购买，继而，一些村民开始受邀参加各级各类画展，成立个人画室和艺术工作坊，等等。在这一过程中，村民们不但获得了经济收益，改善了物质生活，更重要的是摆脱了"精神上的贫困"，重建起文化自信心和文化自觉意识。他们开始重新审视自己和自己的乡村，理解自己与乡村的关系，认同自己的个体价值及乡村的整体价值，这是村民主体觉醒的一个本质性转变。

在这一过程中，艺术最大的魅力不在于创作任何惊世或杰出的作品，而在于唤醒村民的个体意识，树立起村民的个体价值感。林正碌的乡村公益绘画课堂为村民们打开了一扇观察外部世界的窗

---

① 访谈对象：王亚飞，屏南双溪安泰艺术城负责人；访谈人：王孟图；访谈时间：2019 年 9 月 15 日；访谈地点：福建屏南县双溪镇安泰艺术公益中心。

口，而村庄成为村民们用艺术画笔描绘外部世界的第一个对象。当村民们用艺术的、审美的眼光重新端详、凝视自己朝夕生活的家园时，他们的主人翁意识和主体地位一再得到自我确认。正是这样一种归属感和凝聚力，驱使村民们愈发愿意投身后续的乡村建设，甚至成为艺术乡村建设现场的"积极分子"，成为艺术乡村建设实践中的积极参加者和创造者。

三、如何激发"村民主体"的持续成长

作为艺术乡建实践中最重要的主体，在现实中，大多数村民参与乡村建设还是基于利益驱动，这是完全可以理解的；但是如果主体性始终建立在利益判断之上，那么乡村复兴必然会产生新的问题。因此，艺术乡建的实践者一方面应理解广大普通村民的谋生需要，尊重村民们的现实物质需求，以艺术的资本转化能量为村民开拓收入来源；另一方面需要在乡村长期在地深耕实践中，引导推动村民主体性的持续健康成长，真正树立村民主体的文化自信，甚至获得更高层次的"信仰的力量"，如此方能为乡村复苏及其长远发展提供永续动能。

林正碌充分理解和接纳村民们实用功利的基础心理，在乡村公益绘画教学工作之余，时常主动帮助当地村民通过互联网和自媒体渠道推广、售卖画作。同时，林正碌还持续思考如何吸引外出的村民们回归乡村，甚至吸引异地的"新移民"前来乡村生活、创业，因为乡村复兴不能仅仅依靠留守村民，唯有在乡村建设中凝聚留守村民、返乡村民和新移民三股合力，方能为乡村建设和发展注入更多活力。

2017 年 3 月，屏南熙岭乡龙潭村首批选送 30 多位"种子学员"

到双溪安泰艺术城学习，不仅仅是绘画培训，更是主动建立乡村与外部世界的联结，开启用艺术激发乡村新变的序幕。龙潭村是一个距离屏南县城 40 多公里的偏僻山村，拥有 500 多年的村落历史，"颖水三墩驻，西溪七拱桥"，风光秀美如画。自 20 世纪 90 年代以来，随着大量村民外出打工或举家外迁，龙潭村从户籍人口 1400 多人萎缩成仅余不足 200 人的"空心村"，2017 年被列为福建省扶贫开发重点村。林正碌认为，偏僻乡村及地区的发展要从本质上做好两种有效激活：一是激活人的个体价值，二是激活偏远地区的地理价值①。前者通过"人人都是艺术家"公益性艺术教育在乡村落地生根，渐次唤醒当地村民的个体及主体意识，村民们在现代艺术感召下创作出充满个性化和人文情怀的作品，并学会运用新兴网络媒体营销及交流，拥有了物质和精神上的双重获得感，个体价值感得到了充分有效地激活；后者则是要盘活整个乡村乃至周边区域的在地资源，促成其具备外迁村民返流和新移民入驻的强大吸引力，而"偏远地区的地理价值"包含有形价值和无形价值两个层次。有形价值是指乡村及地区存在的显性价值，比如村落自然生态、古民居建筑等；无形价值是指乡村及地区存在的隐性价值，比如传统技艺、民俗节庆等非物质文化遗产。在有形价值和无形价值双重激活的过程中，乡村复兴的步伐方能愈加稳健，村民主体亦在参与乡建历练中实现持续成长和成熟。基于此，龙潭村自 2017 年 5 月开始，在林正碌的引导下摸索出了当地艺术乡建的一套"组合拳"。

龙潭村内原有 120 余栋明清建筑，然而，在通过旧村复垦置换土地补充指标的驱动下，许多古建筑曾被粗暴地拆除毁弃，至今仍

---

① 访谈对象：林正碌，艺术家；访谈人：王孟图；访谈时间：2019 年 9 月 16 日；访谈地点：福建屏南县双溪镇安泰艺术公益中心。

保存的明清古建筑包括回村桥、溪头厝、洋中厝、八扇厝、陈官缪老宅、下厝仔及集中连片的传统建筑群，乡村有形价值的保护修缮牵动人心。针对龙潭村古宅建筑大多为土木结构的特点，村里聘请老工匠艺人采取传统木构榫卯建筑工艺开展保护性修复，最大限度地坚持材料、用工、工艺本地化，同时充分融入龙潭村落自然生态，结庐山间、顺势而为，大石为壁、山林为景，门前屋后、楼道间、转角处，无处不风景，不仅注重保护好古宅院落黄墙黛瓦的外观，更在古宅建筑的内涵挖掘上下功夫，在不改变古宅原生制式的前提下增添补充些许新功能，让古宅民居在内部空间中实现与现代生活的联结，形成了传统性与现代性兼具的复合型建筑。这是比老房拆迁、改造洋楼等现代化手段更具智慧的古村落修缮设计，一幢幢古宅成为兼具美感、野趣和人情味的"艺术作品"。重焕生机的古宅成为村民"地方意识"及提高"对地方的忠诚度"① 的价值载体。2017 年下半年，龙潭村一些经年古旧的老宅子陆续被改建成公益艺术教学中心、美术馆、博物馆、音乐酒吧、咖啡馆、书屋、画室等充满现代意义的文化空间，并开始长期租给外来移民创业、生活。目前，龙潭村已吸引了来自英国的布莱恩、香港设计师 Jack、文化媒体人曾伟、上海时尚杂志媒体人 Alla、知名财经作家吴阿仑等文化名人落户当地，随后创办了随喜书屋、静轩艺术空间、贪生咖啡馆、豹舍书馆等特色文化艺术空间，新的文化艺术业态与传统古村落相融相生，新创客与当地村民共建家园。诚如梁钦东所言，艺术在乡村建设中发挥着一种"触媒作用"②，它"触发"或"引

---

① 段义孚：《空间与地方：经验的视角》，王志标译，北京：中国人民大学出版社，2017 年，第 130 页。

② 邓小南、渠敬东、渠岩，等：《当代乡村建设中的艺术实践》，《学术研究》，2016 年第 10 期。

爆"了一些新的沟通交流，并把外部世界的鲜活潮流、文化及理念带回乡村。一度沉寂衰颓的龙潭村，已从常住人口不足 200 人增加至 500 多人，其中新移民 60 余人。龙潭村的新创客移民群体不同于一般的旅游观光客，他们常住村中生活和创业，大多拥有比较现代的经营理念、生活方式和艺术审美观，在乡村日常潜移默化地影响着当地村民，成为推进龙潭村民主体成长、成熟的一股新力量。

基于新创客移民入驻的加持，龙潭村艺术乡建的催化作用亦持续增效。当龙潭村民在艺术赋能的激励下拂去自身的内在蒙尘，学会用艺术的"眼"重新审视周围一切时，他们遂生成丰富细腻的艺术的"心"，重新发现乡村的美，并透过有形的乡村更清醒地意识到乡村无形的、隐性的文化价值。事实上，龙潭村拥有相当丰富的在地传统文化遗产，包括国家级非物质文化遗产"四平戏"、福建省级非物质文化遗产红糟制作技艺及黄酒酿造技艺等。在旧时的龙潭村，村民们偶尔会用"四平戏"表达对田事丰收或是节日庆典的喜悦，还会亲自酿造红糟黄酒于宴享中对饮，为农户欢乐注入几分微醺的感觉。然而艺术乡建的行动能量决不仅止于此，乡村复兴最大的难题是如何触动村民主体产生内生性的文化寻根意识。珍贵稀缺、濒于消亡的地方性传统文化遗产承载着乡土文脉之根，唯有村民主体自觉重拾文化火种，方能真正领会乡土文化之厚重，以及乡土文明本体之价值。龙潭村的"四平戏"被誉为"中国传统戏曲的活化石"，是由南戏声腔之一"弋阳腔"衍变而来的"四平腔"孑遗剧种，曾于明朝万历年间在江南多省盛行。在数百年的历史流转之中，"四平腔"在与其他剧种的相互融合中逐渐消失，唯有龙潭村的四平戏，因地处偏乡僻壤，加之是宗族祖传戏，方才得以保存至今。四平戏鲜有曲谱，仅余少数手抄剧本，数百年来依靠村民艺人口传心授得以传承，现今仍保持原始的弋阳高腔特色和古朴的南戏表演风格。2018年10月2日，龙潭村四平戏博物馆正式揭牌，村民们第一次在展馆中集中展示祖传了400多年的四平戏。因为四平戏诞生于明代，村民们遂商议决定将四平戏博物馆选址定于龙潭村一幢明代古建筑中。林正碌认为，"这是一个很重要的文化容器，这栋建筑本身就是一个建筑博物馆"①，也承载着龙潭村历久弥新的曲艺文化精神。四平戏曾经是龙潭人重要的精神支柱，村里男女老少几乎人人会唱，辉煌时更是龙潭人的经济来源。自2006年龙潭村四平戏被列入国家首批非物质文化遗产名录以来，村民在当地政府的支持下复兴"戏窝子"，戏班子重新开班，吸纳中青年力量重组四平戏剧团。因为四平戏保留着"一人唱，众人和"的高腔传统，演出时往往是台上唱戏、台下众和的一派热闹景象，加之随意即兴的"插科打诨"式表演，甚至获得了来自异地的龙潭村新移民们的青睐，他们或神情专注、或学着比划、或和着后台伴奏改编了举手投足②。时至2019年5月，龙潭村已陆续修复落成四平戏博物馆、龙潭黄酒博物馆、釉埕保护遗址，村民们还先后筹备举办了传统戏曲文化节、开酒节、农民丰收节等当地特色节庆活动。

　　"人人都是艺术家"的理念改变着每一个龙潭人，村民们践行着"放下锄头，即是艺术家"③的乡村日常，在劳作与艺术的轮流交替中获得身心满足，这在村民主体性中又注入了更具文化质感的生命力量。当村民群体开始关注理解乡村无形的、隐性的文化价值，开始主动树立珍惜、守护、传承、推广的意愿时，便树立起了

---

　　①　李锐：《农民变身艺术家放下锄头唱大戏》，http://www.jinciwei.cn/b473630.html，2018年10月16日。

　　②　周芬芳：《屏南四平戏，从老时光里传出的千古绝唱》，http://www.sohu.com/a/196877459_755048，2017年10月8日。

　　③　同①。

村民主体成长的一个全新里程碑，他们正自觉重建对乡村传统文化及技艺的敬畏感，期待以深厚的乡土文化母体来滋养和建设今日及未来之乡村。尽管未来还有一段相当漫长的道路，然而在村民主体内心深处，一股"信仰的力量"正在复苏。

结　语

从政府推行的"美丽乡村"到企业开发的"乡村旅游"，再到专家倡导的"遗产保护"，乡村复兴已进入一个如火如荼的阶段。但在当代中国乡建宏大议题的合法性外衣之下，以权力或资本为导向的"乡村改造"，以及"去主体化"的乡建举措亟待一番清醒的冷思考。

艺术乡建的"屏南模式"始于"人人都是艺术家"的美育理念。公益性在地艺术教育在屏南播撒下艺术的种子，这是乡村建设希望的种子，是真正有效的文化扶贫。屏南艺术乡建的焦点在于"人"的本体尊严与价值的实现，而不在于艺术本体的荣耀与繁华。以艺术为纽带，以人的发展为目的，艺术乡建通过艺术力量重新联结人与人、人与乡村、人与自然之间的关系，唤醒在地村民的"主体性"，激活地方区域的整体价值，凝聚多股乡村建设力量，共同为乡村长远发展积极思考、勇于担当、努力贡献。继此之后，屏南县又于 2015 年 10 月引进艺术批评家程美信团队主持厦地古村复兴和公益电影培训，2016 年 2 月引进复旦大学张勇教授团队主持前洋古村修复及文创兴村，2016 年 11 月引进天津泰达当代艺术博物馆马惠东团队成立屏南鼎顺文化艺术发展有限公司等，通过"高位嫁接"引入艺术家及文创团队的方式，激励多个传统乡村古镇的联动复兴。但是，在目前积极发展态势的背后也存在一些隐忧。比如，多个村镇之间发展不平衡、不充分，村落发展的急进或趋同，多元乡建主体关系尚未厘清，后续发展和长期规划相对缺失等，这些问题有待于我们在更长期的乡建实践中不断加以解决。

艺术乡建"屏南模式"毕竟只是一种地方性、小众化的实践尝试，中国乡村幅员辽阔、数量众多，地方文化庞杂多样，恐难有一个放之四海而皆准的可复制的乡建模板。但无论如何，在艺术乡建可探索的广阔空间之中，为乡村主体——村民重建一个凝聚乡情、乡愁、乡土味的新乡村，方才是乡村复兴和建设的终极意义。

（作者单位：福建师范大学文学院文化产业教研室）

音乐、图像与味道的互动关系对
传统村落复兴的影响

——福建武夷山地区茶艺个案

周 蓉

　　费孝通先生曾率先提出"文化自觉"理念，这一理念主要包括两个重要的方面：一个方面是如何重新认识我们的传统，认识我们的历史文化，以确立我们民族的主体意识，增强我们民族文化的认同感；另一个方面就是如何更新我们的文化，从传统向现代转化，将自己的民族文化融入世界文化体系中，并在这里找到自己文化的位置与坐标。在日常生活中，人类的大脑通过处理来自我们身体不同感官的信息，从而形成丰富的多感官体验。这深刻影响着人们如何看待周围的世界。人类不同感官之间是可以互通的，钱锺书先生认为："在日常经验里，视觉、听觉、触觉、嗅觉、味觉往往可以彼此打通或交通，眼、耳、舌、鼻、身各个官能的领域可以不分界限。颜色似乎会有温度，声音似乎会有形象，冷暖似乎会有重量，气味似乎会有体质。"① 其中，味觉是我们日常生活中最具感知力

---

① 钱锺书：《通感》，《七缀集》，北京：生活·读书·新知三联书店，2002 年，第64 页。

的感受之一。它不仅与视觉、听觉共同影响着我们的生活，同时受视觉和听觉的影响，从而塑造了我们的饮食体验。王廷信先生认为：中国农耕社会对"味"非常重视，舌头在五官中具有十分重要的地位，是与"心"紧密相连的器官。中国人食材范围广、食不厌精的讲究，都反映出中国人对"味"的高度重视，也影响到中国人从"味"出发对事物的判断。"羊大为美"就反映了中国传统文化透过"味"来定义美。

根据住房城乡建设部下发的通知，传统村落是指村落形成较早，拥有较丰富的传统资源，现存比较完整，具有较高历史、文化、科学、艺术、社会、经济价值的村落。传统村落对象应符合历史文化积淀较为深厚、选址格局肌理保存较完整、传统建筑具有一定保护价值、非物质文化遗产传承良好和村落活态保护基础好等条件，而传统村落的复兴也应是全方位的。习近平曾对实施乡村振兴战略做出重要指示："要坚持乡村全面振兴，抓重点、补短板、强弱项，实现乡村产业振兴、人才振兴、文化振兴、生态振兴、组织振兴，推动农业全面升级、农村全面进步、农民全面发展。"因此，本文的核心是在探讨传统村落的复兴问题。从音乐、图像、味道的互动视角，探讨其给传统村落的复兴带来的机遇。

一、音乐、图像、味道互动的历史渊源及现代呈现给武夷山传统村落的复兴带来机遇

在中国古代艺术理论中，古人对音与味或图与味之间的关系亦多有论述。譬如，《老子·十二章》云："五色令人目盲，五音令人耳聋，五味令人口爽，驰骋畋猎令人心发狂，难得之货令人行

妨。"《论语·述而》曰："子在齐闻《韶》，三月不知肉味。"《乐记》中亦有"遗音遗味"说等。

视听与味觉的互动自古就和武夷山地区的茶艺有着深厚的历史渊源。闽南人所营造的浓厚的茶文化氛围使茶成为闽南人的一个独特标签，具有特殊的价值。饮茶是闽南人生活中的一大享受。闽南地区一直流行着一种说法："抽啦叭烟，听南音乐，泡工夫茶，其乐无穷。"最具代表性的是唐宋时期在闽北武夷山一带盛行的茶百戏。茶百戏，又名"分茶""汤戏""茶戏""水丹青"，是可以吃的字画，2017年被列为福建省非物质文化遗产。茶百戏以清水为墨，以茶勺为笔，以茶膏为纸，通过控制茶面的气体幻变来作画。唐代白居易在《琴茶》诗中所言"琴里知音唯绿水，茶中故旧是蒙山"。关于茶百戏最早的明确文献记载是宋代陶谷《清异录（卷四）》："茶至唐始盛，近世有下汤运匕别施妙诀，使汤纹水脉成物象者，禽兽、虫鱼、花草之属，纤巧如画，但须臾即就散灭。此茶之变也，时人谓之茶百戏。"《清异录（卷四）》载："沙门福全，生于金乡，长于茶海，能注汤幻茶成一句诗，并点四瓯，共一绝句，泛乎汤表。小小物类，咂手办耳。"元代诗人许有壬在《咏酒兰膏次恕斋韵》中写道："混沌黄中云乳乱，鹧鸪斑底蜡香浮。……从此武夷溪上月。"

可见，古代的文人士大夫在视听与味觉互动方面一直做着积极的尝试。饮食并非饮食体验本身，因此通过改变人们对于饮食的味觉感知，继而可以影响我们的饮食体验。这种历史文化资源给武夷山传统村落的复兴带来了机遇。

二、音乐、图像、味道三者的互动在武夷山传统村落中的位置——历史的和现实的关系

宋代，茶百戏得到较大发展，主要得益于朝廷及大批文人、僧人、艺人的推崇。茶百戏已成为当时文人雅士一种时尚的文娱活动，并广泛运用于各种茶会和斗茶活动中，这在宋代的诗词和文中有大量描写。其中，宋徽宗对茶百戏的推广起到很大作用。茶百戏在古代不仅是武夷山地区茶艺的主流，还以武夷山为中心在全国形成了一种文化风尚。这是我国古代文人的想象力与实践发挥到极致的一种体现，也是获得整体知觉体验的高峰。

因茶百戏自清代后在中国失传，我国历史上流传的茶百戏就无法做到真实地再现。人们只能从古代文献、绘画和文物器具中窥见茶百戏的线索，在符合其基本原理的基础上进行恢复。福建武夷山地区茶百戏"非遗"传承人章志峰经过 20 多年的苦心钻研，终于在 2009 年首次恢复重现茶百戏技艺，并于 2013 年获得国家发明专利。2017 年，茶百戏被列入福建省"非遗"名录。目前，茶百戏茶面的绘画以山水、花鸟和人物题材为主。面对一碗武夷茶，人们可以在图像中感受万物之变幻、自然之美。但是，音乐似乎是一种被遗忘的元素，茶百戏的当代传承在音乐方面仍被忽略，这导致人们对茶百戏的整体感知有一种缺憾。当代的茶百戏，已由古代少数文人社交娱乐转变为大众娱乐消费，乃至拓展到艺术教育，是当地文化与旅游产业的重要组成部分。茶百戏作为"非遗"与中华优秀传统艺术，正处于保护与传承的初级阶段，因缺乏正确的传播和有价值的创新，其在武夷山地区的茶艺界尚处于边缘地位。

当下，武夷山地区茶艺的主流则是以大红袍茶叶为主题的"印

象·大红袍"山水实景剧。"印象·大红袍"山水实景剧用现代声光电的方式，将舞台设置在武夷山大王峰与玉女峰下的山水间，在短短75分钟的演出里，叙述了七饮大红袍的故事，观众在观看过程中可以体验到正宗的大红袍茶饮服务。在山水实景剧中穿插饮食服务环节，既融汇了"茶"的真谛，又充满生活哲理，为观众在感受舞台上音乐与光影变幻的同时形成自己的创造性思维提供了可能。截至2018年5月，"大红袍"实景剧已接待观众超过450万人次，演出近3400场。

三、音乐、图像、味道三者之间的互动机制及其互动效果与武夷山传统村落复兴的关系

不仅音乐和图像会对人类味觉产生影响（不仅是感觉好坏，也会影响味觉持续性，增强或减弱味觉，甚至是整体性感受），味觉也会不断丰富音乐与图像的创作题材、主题和审美体验，使音乐与图像的创作呈现多元化。因此，人们可以通过选择相应的音乐和图像来匹配饮食，进而将带有互动性的饮食融入当地传统村落节日、社区仪式，并且形成一种支撑性文化产业，这样才会为武夷山地区传统村落的复兴提供可能。

（一）传统节日

传统艺术是靠节日民俗来推动的，茶艺也不例外。古代文人士大夫自觉借助节日民俗进行茶艺创作、品评、社交活动。当代的我们可以借助传统节日的契机，通过茶艺中视、听与味的互动，丰富人们的整体感知，提升审美品位，引导大众艺术消费，在感知与实践的过程中传承与传播中华优秀传统艺术精神，唤醒人们对传统民

俗的集体记忆，激发对未来的想象力与创造力。

茶百戏有其新颖独特的表现形式，这对观众具有很大的吸引力，适合游人观赏、品饮，也适用于各种高规格的接待和大型节日庆典活动。茶百戏不仅可以较好地提高武夷山地区文化旅游的档次，也可以提高武夷山茶产业的附加值，扩大武夷山和武夷岩茶的影响力。"印象·大红袍"山水实景剧已经为武夷山地区茶艺树立了品牌，但与当地传统节日的结合尚有不足。除了顺应四时的春节、元宵节、中秋节等，武夷山地区至今还保留了柴头会、蜡烛会、武夷山岩茶节等重要民俗节日。节日中的饮食，不仅是生存资源，更是一种生活艺术。其一，多感官的互动体验可以为厨师创造新颖的菜肴提供路径参照。其二，对于食品企业或广告商而言，味觉会受视听影响这一事实对其产品的研发与设计至关重要。其三，对于餐饮或酒店而言，多种感官之间的互联亦是新的领域，尚未在餐厅设计中得到充分利用。

（二）社区仪式

关于社区仪式，最早可见于孔子《论语·乡党》："乡人傩，朝服而立于阼阶。"当乡党们举行傩仪时，穿着礼服站在台阶上，相信祖先的神灵可以保护大家。这里的"傩"就是最早的一种社区仪式。"非遗"与中华优秀传统艺术的传承应是一种活态的传承，只有深入传统村落的社区，融入居民日常生活中才有可能"活"下去。武夷山地区至今保留着喊山与开山祭祀仪式，这是武夷茶农特有的习俗。每年于惊蛰日由知县主持喊山祭祀活动，以祈求神灵保佑武夷岩茶丰收、甘醇；每年立夏前三日之内，茶农们赶早在制茶祖师杨太白塑像前静默行开山祭。此外，还有采茶仪式中的歌灯戏，据说起源于明末清初铅山县武夷山一带的民间灯戏，是在当地民歌、茶歌和灯歌的基础上发展起来的，因每班只有三个角色而得名。原来的灯歌，一般在过年和元宵时才出现，由娇童扮成采茶女，每队 8—12 人，1—2 人领队，手持花灯，边歌边舞，唱的是"十二月采茶"之类比较欢快的小调。后来，内容形式逐渐发展，除去庞大的歌舞队伍，留下两名采茶女和一名领队，形成"二旦一丑"的三角班，演出一些生活小戏。

武夷山传统村落至今流行着喝茶俗。以吴屯女性喝茶俗为例，通过村中农家妇女轮流做东来设茶宴，只有女性才有资格入席，茶具也只用日常的饭碗，茶叶是当地山茶即可。因此，茶百戏的技艺传承与培训不仅需要面向全国的爱好者，也需面向茶百戏发源之地武夷山地区及其传统村落。"印象·大红袍"山水实景剧也不应只局限于大王峰和玉女峰下的晚间 360 度声光电旋转舞台，诸如山下的下梅村中的传统茶运河道、村落廊道也可以成为舞台的一部分。亦可模仿古人古道行旅，结合现代游戏的方式，将传统村落中的音乐"非遗"、图像"非遗"、其他饮食"非遗"融合进来，让观众在传统村落的社区仪式中聆听中国故事，品尝武夷茶艺之味。

一言以蔽之，视、听与味的互动体验为推动古村落复兴提供了新的方向和动力。手工艺是一种生态性的知识体系，手工艺社区的良性运行所依附的村落应具有共同体的性质。中国 20 世纪的社会和经济革命导致村落共同体大量解体。在作为村落共同体基础的传统耕种劳作模式基本退场，文化遗产、传统工艺备受重视的今天，手工艺劳作模式是复原村落共同体刚性社会联系，进而复兴村落共同体的一种可靠路径。

（作者单位：东南大学艺术学院）

乡村连片发展特色文化产业的路径研究

——基于区域产业品牌化战略视角

陈 丽

党的十九大做出实施乡村振兴战略重大决策部署，并提出"产业兴旺、生态宜居、乡风文明、治理有效、生活富裕"20字总要求。"产业兴旺"排在第一位，可见解决生存和生产问题的产业发展是关键。2019年，中央一号文件提出坚持农业农村优先发展总方针，并在"发展壮大乡村产业，拓宽农民增收渠道"部分首要强调"加快发展乡村特色产业"。2018年9月，中共中央、国务院印发《乡村振兴战略规划（2018—2022年)》，提出"发展乡村特色文化产业……打造一批特色文化产业乡镇、文化产业特色村和文化产业群"。由此可见，当前和今后很长一段时期，发展乡村特色文化产业是实施乡村振兴战略的一项重要基础性工作①。

一、乡村特色文化产业发展恰逢其时

我国大部分乡村地区地理位置偏僻，交通闭塞，经济基础薄

---

① 刘金祥：《发挥乡村特色文化产业对乡村振兴的助推作用》，《黑龙江日报》，2019年3月5日。

弱，发展速度缓慢。但封闭落后的环境反而保留了丰富的特色文化资源。乡村特色文化产业正是以各乡村民间独特的文化资源为依托，利用现代经济理念和产业经营模式，通过创意转化和市场运作，提供具有鲜明地域特色的文化商品和服务的产业形态①。

在乡村振兴战略实施和供给侧结构性改革的背景下，凭借乡村丰富的特色文化资源、城市扩张的文化消费市场、政府出台的各类扶植政策、社会资本的大幅下乡等有利因素，乡村特色文化产业发展可谓恰逢其时。开发乡村特色文化资源，发展乡村特色文化产业，有助于加快转变乡村经济增长方式，调整重塑乡村产业结构和经济布局，使整个乡村经济呈现升级换代趋势，促进乡村经济社会发展；有助于避免类似城市依靠工业化发展而出现的高能耗、高污染问题，保护乡村生态环境，改善落后生活环境；有助于提高乡村居民收入水平，帮助乡村居民脱贫致富，增强乡村居民素质，从而有效有序推进新型城镇化进程；有助于解决农村发展不充分、城乡发展不平衡等问题，避免乡村居民盲目流动，以及可能由此引发的诸多社会问题。

二、乡村特色文化产业发展出现的问题

近年来，乡村特色文化产业发展虽风生水起，但总体上仍处于刚刚起步的阶段。同时，农民根深蒂固的小农意识和迫切希望改变生活的急功近利思想，导致乡村特色文化产业发展缺乏长远规划，也因此存在诸多问题。例如，实行粗放式经营方式，创意和科技程

---

① 文化部、财政部：《关于推动特色文化产业发展的指导意见（文产发〔2014〕28号）》，《中国文化报》，2014 年 8 月 26 日。

度低，导致文化商品和服务缺乏新意且质量低下；同一区域内企业经营方向严重同质化，资源浪费，且陷入低价恶性竞争，导致行业利润越来越低；高端管理人才缺位，营销网络不专业且不成规模，投入保障机制不健全，导致特色文化商品和服务的生产销售很难实现市场化、规模化、集约化运作；若区域内部出现小部分强势品牌，大量家庭作坊式企业为了生存而滥用强势品牌名号，导致强势品牌很难得到长足发展，也必然阻碍乡村特色文化产业的发展。

若这些问题得不到解决，乡村特色文化产业发展就无法适应时代趋势，市场疲软、效益低下的局面可以预见。对此，我们应积极探索发展乡村特色文化产业的有效路径，努力解决现阶段乡村特色文化产业面临的诸多问题。

三、基于区域产业品牌化战略提出乡村连片发展特色文化产业

在当代经济活动中，品牌效应已经渗透到各行各业，基本上所有行业的发展都需要科学品牌理论的指导，乡村特色文化产业发展亦需如此。当前乡村特色文化产业发展面临着诸多问题，归根结底是由于家庭作坊式企业市场化能力不强。乡村文化商品和服务毕竟不是人们生活的必需品，如果相关企业市场化能力不强，必然导致其知名度和影响力下降，继而影响整体市场需求。提升企业市场化能力与行业整体知名度和影响力，离不开品牌的支撑，有品牌才有经济的竞争力和市场的感召力。因此，笔者尝试从品牌角度出发解决乡村特色文化产业发展的问题。

区域产业品牌化战略是在经济全球化大背景下，基于人口、资本和企业的流动越来越快，区域之间争夺资源的竞争趋于白热化而提出的。由于传统地理标志产品的挖掘和现代产业的集聚，许多地

区产生了支撑经济发展的特色产业。为了充分发挥特色产业聚集的地缘优势，增加特色产业的市场认知与市场价值，为区域内从事特色产业的企业扩展市场提供背书，同时借由区域内众多被背书企业提供的优质产品和服务，强化特色产业的市场价值，形成良性互动。许多地方政府和行业协会开始实施区域产业品牌化战略，以期通过区域产业品牌化战略，聚合区域特色产业内部大大小小的企业，合力打造区域产业品牌，共同开拓市场①。

在乡村发展特色文化产业过程中，邻近乡村由于相似的自然地理环境和人文社会因素，造成产业发展方向同质化，缺乏特色。此外，乡村文化产业往往由一家一户的从事简单加工的家庭作坊式小企业构成，其发展困境在于这些小企业资金薄弱，市场化能力不强，无力自建品牌，因此出现了上述乡村特色文化产业发展的诸多问题。笔者建议，基于区域产业品牌化战略，邻近乡村若是特色文化资源相似、产业发展方向同质，应该合力打造区域特色文化产业品牌，连片发展区域特色文化产业，构建以市场为导向，以政府为主导，以乡村家庭作坊式企业为主体，以文化公司为抓手，以行业协会为支撑的连片发展体系。这可能是一条符合乡村具体情况的特色文化产业发展之路。

四、乡村连片发展特色文化产业的具体路径选择

（一）连片区域内成立文化传播公司，实施"公司＋农户"发展模式

虽说乡村居民是乡村特色文化产业发展过程中创作和生产的主

---

① 林升栋：《区域产业品牌案例研究》，厦门：厦门大学出版社，2011年。

体，但仅仅依靠乡村居民自身发展，在中国大多数乡村是很难实现区域化、规模化、市场化发展的。政府可以在乡村连片发展特色文化产业初期阶段发挥规划、引导职能，但政府不可能直接对乡村家庭作坊式企业实行一对一的管理，而且用行政手段处理发展过程中的问题舍本逐末，很容易连带产生新的问题。为方便管理指导，使乡村特色文化产业有序快速发展，各乡政府应在连片区域内合力引导支持成立文化传播公司，通过企业化、标准化的方式发展乡村特色文化产业，更好地与市场对接①。

连片区域内合力成立的文化传播公司，统一组织实施特色文化产业品牌化战略，按照市场运作规律及消费者不同层次需求，联合行业协会制定行业质量标准，并注册统一的法定商标和业标。区域内乡村家庭作坊式企业的文化商品或服务经过专家审核达到标准就会贴上统一的商标对外销售，经过评定的商品或服务还会根据不同的质量级别贴上不同级别的业标，以防止区域内部个体乡村、个体企业之间的不正当竞争，保证所有相关文化商品和服务的高标准、高质量，确保区域特色文化产业的整体竞争力。

（二）连片区域内不同乡村与企业找准定位，建立链条完整的产业发展体系

由于乡村居民目前的认知局限性，他们虽能意识到生产销售文化商品或服务可以增加收入，但至于生产销售什么完全由当下市场的经济利益决定。眼前一时的利益显而易见，乡村居民往往趋近利而不考虑长远后果，什么样的文化商品或服务赚钱就扎堆生产销

---

① 孙博：《政府促进农村文化产业发展对策研究——以商丘市民权县王公庄为例》，郑州大学硕士学位论文，2014 年。

售，最终导致数量庞大的同类经营者之间恶性竞争、相互压价、利润下降。盲目的选择使初入市场的企业四处碰壁，不仅个体挣不到钱，整个乡村特色文化产业也因此发展缓慢。乡村连片发展特色文化产业，在政府规划先行且有序引导下，连片区域内不同乡村、同一乡村内不同企业结合自身特色与具体情况，明确在特色文化产业内部的独特定位，尽可能减少产业内部消耗，实现产业资源的完美整合，建立产业链条完整的现代乡村特色文化产业发展体系。

特色文化产业的发展壮大需要丰富多元的产品组合，也需要在产品生产销售之外配合研发、设计、包装、培训、展示等环节。不同乡村应结合实际，引导家庭作坊式企业集聚发展整个特色文化产业链条的某一类产品或某一个环节，并据此集资分工配套相关硬件设施，如特色文化艺术家及艺术机构工作室与创作区、特色文化商品包装生产基地、特色文化创意用品交易市场、特色文化博物馆或美术馆、特色文化主题艺术酒店等，实现个体乡村资源的合理利用。此外，同一乡村内不同家庭作坊式企业也应在整个乡村集聚发展背景下，结合自身实际走差异化经营之路，以更专业化和协作化的生产方式，创造更为可观的经济效益。

（三）连片区域内发起特色文化产业协会，扶持强势企业扩展域外市场

随着乡村特色文化产业的逐渐发展，一小部分企业得益于行业高增长率及自身突出的经营管理脱颖而出，成为强势品牌的主导，但同时，越来越多的农民家庭作坊式企业进入该领域。这些企业大部分规模小、技术落后、工艺粗糙，导致行业整体质量下滑。如果行业组织和行业标准缺失，乡村特色文化产业整体形象和声誉必将受损，强势品牌很难继续发展壮大，不能向国内其他市场发力，进

而阻碍乡村特色文化产业的长远发展。乡村连片发展特色文化产业可在政府支持下，由连片区域内相对强势的企业联合发起特色文化产业协会。协会负责扶持强势企业发展壮大，带动强势企业扩展域外市场，将成为塑造区域特色文化产业品牌的重要力量。

　　与前文提到的文化传播公司不同，特色文化产业协会是介于政府与企业之间的非营利组织，是政府与强势企业之间沟通的桥梁和黏合剂，其经费主要来自会员企业缴纳的会费与政府的少量补贴。协会的主要职责包括起草行业标准，减少行业内部恶性竞争；帮助会员企业争取优惠政策，及时反映会员企业的困难和呼声，维护会员企业的合法权益；向会员企业提供技术咨询与指导，组织培训；积极组织会员企业到国内外先进地区考察参展，或邀请专家前来交流指导等。在行业协会积极带动下，有魄力的巨头企业率先突破区域，主动走出去扩展域外市场，推动整个乡村特色文化产业品牌知名度和影响力的提升，也促使众多家庭作坊式小企业继续固守原有地盘和传统文化。

（四）相关教育纳入连片区域内正规教育体系，培养深谙特色文化的专业人才

　　乡村特色文化产业发展需要包括评估人才、管理人才、创意人才、营销人才、策划人才在内的大量专业人才作支撑，且要求这些专业人才深耕当地特色文化资源的深刻内涵。乡村有大量的廉价劳动力，却缺乏各类专业人才。更为严峻的是，由于乡村地理位置偏僻闭塞、经济基础落后和生活服务设施欠缺，很难直接从外地引进专业人才。即便成功引进，他们也未必有心深耕当地特色文化，且会要求高于城市的工资待遇，这对处于发展初期或成长期的乡村特色文化产业极其不利。可以说，人才问题已经成为制约大多数乡村

特色文化产业发展的瓶颈。

其实，在当地特色文化产品创意与生产方面有优势和潜质的人不在少数，且许多人还是当地特色文化的传承人，这些人及其后代才是发展乡村特色文化产业的主力军。因此，可由连片区域内的各乡政府合力牵头，将特色文化产业相关教育纳入区域内正规教育体系，区域内大中小学相应增加特色文化相关课程及特色文化产业管理相关课程，以加强对区域内现有人才的教育和培训，增强其对区域特色文化产业的认同感，提升其相关职业素养和专业技能，并提高其包括思想观念、审美情趣、理论知识、创意水平、文化内涵、道德修养在内的综合素质。

（五）连片区域合力进行整体营销与形象宣传，搭建特色文化产业全方位推介平台

乡村特色文化产业发展让多方受益，包括政府、企业、乡村居民、相关组织等，因此他们都是整体产业营销传播的主体。然而，现阶段多元主体之间普遍未达成整体共识，对外表达同时存在多项标签，信息内容摇摆不定。此外，乡村特色文化产业品牌营销传播过程长期而艰巨，不可能一蹴而就、一劳永逸。当下的乡村特色文化产业品牌营销传播缺乏整体战略规划，且局限于不定期、转瞬即逝的口头传播，缺乏稳定性和系统性。为提升乡村特色文化产业的知名度和影响力，应由连片区域内各乡政府合力规划布局，明确特色文化产业品牌定位与发展方向，在此基础上拨出专项经费支持行业协会与文化传播公司进行整体营销与形象宣传，搭建全方位推介平台。

在乡村特色文化产业整体营销与形象宣传过程中，连片区域内政府、行业协会和文化传播公司应协调整合营销传播主体与方式。

一方面，增强各营销传播主体参与的积极性和自觉性，达成对营销传播内容的统一认识，准确界定各方在产业营销传播中不同的地位、职责和权利，并正确处理他们之间的相互关系，以有效促进乡村特色文化产业品牌的优化和传播①。另一方面，通过创新性的线下活动推广与线上媒体传播，尽可能丰富目标受众接触点，有效地将特色文化产业信息传递给他们，并形成良好的整体认知与体验。例如，构建高品质且具有一定规模的大型公关活动体系，包括特色文化高峰论坛、特色文化节庆、特色文化创意设计大赛、特色文化艺术认证培训、特色文化精修讲座等常态化活动。又如，布局稳定且系统的现代媒体传播体系，从最为传统的农村墙体广告、城市户外广告，到网络贴吧、论坛、社区及当下营销标配"两微一抖"（微博、微信与抖音），再到反映宣传特色文化产业的优秀文学、影视、戏剧作品等各类传播方式。总之，通过连片区域内政府引导，行业协会和文化传播公司牵头，多元主体合力进行丰富且有力度的系列营销宣传，全方位地为乡村特色文化产业搭建推介平台，提高产业知名度，促进产业蓬勃发展。

（六）连片区域内乡村做好异业联合，以区域大特色产业带动各乡村小特色产业发展

特色文化产业可以成为乡村经济发展的重要支撑，但若单一强调某一产业，热衷于专业化分工而忽视乡村产业结构多样化，将会影响乡村经济稳定性和抗风险能力。此外，特色文化具有高融合、高渗透的特点，乡村特色文化产业不仅可以直接产生经济效益，还

---

① 陈丽：《基于整合营销传播理论的福州城市品牌传播现状及对策研究》，福建师范大学硕士学位论文，2013年。

可以通过应用技术嫁接、设计策划和品牌授权等手段，为其他产业提供附加值，推动其他产业发展①。因此，伴随着乡村特色文化产业的发展，区域内各乡村也应做好异业联合，以区域内连片发展的大特色文化产业为依托，带动小特色产业发展。

各乡村结合自身现实基础和开发潜力，深挖特色文化产业优势，大力推动相关配套产业发展。例如，推动特色文化产业与旅游业联合，带动乡村文化旅游发展。可在特色文化产业基础上开发旅游产品，通过招商引资和引导农民集资等方式建设工艺品厂，开发生产各类旅游纪念品。也可围绕旅游服务质量的提升，招商引资发展农家宾馆、餐馆、超市、商铺、市场等配套服务。总之，各乡村应最大限度做强特色文化文章，赚取特色文化利润，实现乡村经济高质量、大跨步发展。

（作者单位：福建师范大学协和学院文化产业系）

---

① 《推动文化产业成为国民经济支柱型产业》，中国政协新闻网，http://cppcc. people. com. cn/n/2013/0309/c34948 - 20729732. html.

溯本追源古村落　奇思妙想新文创

——以福建名村名镇为例

林　芳

一、溯本追源古村落

中国自古就是一个农业大国，也是世界上最早从事农业生产的国家之一。农业在中国文明发展历程中起着非常重要的作用。乡村是人类由史前狩猎采集文明进入农耕文明后产生的聚落形态，是人类农耕生产聚居劳作和繁衍生息之所在。

作为一个拥有悠久农耕文明史的国家，中国广袤的土地上遍布着形态各异、风情各具、历史悠久的古村落。改革开放以来，中国城市化进程显著加快，城乡差距与日俱增。相对落后的农村如何以更好的姿态与城市齐头并进？

（一）古村落简述

中国传统村落，又称"古村落"，指村落形成较早，保留了较多的历史沿革痕迹，即建筑环境、建筑风貌、村落地址未有大的变动，具有独特民俗民风，虽经历久远年代，至今仍为人们服务的村落。传统村落中蕴藏着丰富的历史信息和文化景观，是中国农耕文明留下的最大遗产。在传统村落的精神遗产中，不仅包括各类"非遗"，还包括大量独特的历史记忆、宗族传衍、俚语方言、乡约乡规、生产方式等。它们作为一种独特的精神文化内涵，因村落的存在而存在，并使村落传统厚重鲜活，是村落中各类"非遗"不能脱离的"生命土壤"。

2012年9月，传统村落保护和发展专家委员会第一次会议决定，将习惯称谓"古村落"改为"传统村落"，以突出其文明价值及传承的意义。传统村落不是"文保单位"，而是生产和生活的基地，是社会构成最基层的单位，是农村社区。传统村落面临的改善与发展，直接关系着村落居民生活质量的提高。

传统村落是在长期的农耕文明传承过程中逐渐形成的，凝结着历史的记忆，反映着文明的进步。它们不仅具有历史文化传承等方面的功能，而且对于推进农业现代化进程、推进生态文明建设等具有重要价值。它们还是民族的宝贵遗产，是不可再生的、潜在的旅游资源。传统村落体现着当地的传统文化、建筑艺术和村镇空间格局，反映着村落与周边自然环境的和谐关系。

（二）活化传统村落，走中国特色社会主义乡村振兴道路

每一座蕴含传统文化的村落，都是活着的文化遗产，体现着人与自然和谐相处的文化精髓和空间记忆。2017年10月18日，习近平在党的十九大报告中提出乡村振兴战略。2018年中央一号文件发布，提出实施乡村振兴战略的总要求是"产业兴旺、生态宜居、乡风文明、治理有效、生活富裕"。到2050年，乡村全面振兴，农业强、农村美、农民富全面实现。基于乡村的中华传统优秀艺术将得以在更广阔的空间获得发展机遇。

关于如何走中国特色社会主义乡村振兴道路，2017 年 12 月 29 日，中央农村工作会议提出了七条"之路"：一是必须重塑城乡关系，走城乡融合发展之路。二是必须巩固和完善农村基本经营制度，走共同富裕之路。三是必须深化农业供给侧结构性改革，走质量兴农之路。四是必须坚持人与自然和谐共生，走乡村绿色发展之路。五是必须传承发展提升农耕文明，走乡村文化兴盛之路。六是必须创新乡村治理体系，走乡村善治之路。七是必须打好精准脱贫攻坚战，走中国特色减贫之路。

二、奇思妙想新文创

（一）探福建古村落

福建省地处中国东南部，与台湾省隔海相望，它背负青山、面朝大海、物产丰饶、底蕴深厚。这里无山不青，无水不秀。海上丝绸之路发端于此，传统村落非物质文化遗产丰富多彩、撩人心弦，宗教文化、戏唱南音、提线木偶、线狮游艺等，令人目不暇接，妈祖文化更是世界非物质文化遗产。福建是 80% 的台湾同胞的祖籍地，是全世界一千多万华人华侨魂牵梦绕、寄寓乡愁的故土家园。

福建自古偏安东南一隅，少受中原战乱纷扰，宋元时期繁荣昌盛的海外贸易形成了闽越文化遗风。中原文化的传入、宗教文化的传播、中外文化的碰撞，在福建山水相隔的特殊地理环境下，形成相互交融又各具地域特色的六大历史传统建筑文化区域：闽南区建筑文化——海洋文化；莆仙区建筑文化——科举文化；闽东区建筑文化——江城文化；闽北区建筑文化——书院文化；闽中区建筑文化——山林文化；客家区建筑文化——移垦文化。

如今，福建省共有 76 处中国历史文化名村名镇，名列全国第二；229 处中国传统村落，并列全国第六。

　　笔者曾经探访永泰县嵩口古镇①、月洲村②、庄寨③、堡垒等，其密封干砌、自然古朴的鹅卵石墙体、鹤形优雅的线形甬道、高耸的碉式角楼、密布的斗式条窗和竹制枪孔等精美绝伦的装饰和完备的防御系统，无不让人印象深刻。武夷下梅村、陈村、五夫镇④等古村落，其精致美妙的石雕、砖雕、木雕、墙头彩绘等艺术，无不展现着能工巧匠们精湛的技艺与美学。闽派工匠们既注重传统工艺，又极富创新精神，手法细腻、造型雄浑、巧夺天工、一气呵成。笔者还曾探寻港口类型连片聚建、红砖红瓦、喜气洋洋的漳州古民居；海边类型平潭石头厝建筑群；竹田蕉叶、傲然独立的南靖县田螺坑土楼群等。闽南地区牡蛎壳及出砖入石墙体环保另类；闽中地区坚硬细腻的三合土工艺令人称奇；闽北地区的砖雕门楼精雕细琢、技艺非凡；福建古村落中的灰塑、彩绘、剪瓷传统工艺五彩纷呈……展翅飞翔的屋脊翘角千姿百态、直冲云霄；形态各异的雨更墙精雕细琢、华美异常……

---

　　①　嵩口古镇是福州市唯一的中国历史文化名镇。嵩口古镇是南宋爱国词人张元幹的故乡，同时又是永泰西南政治、经济、文化中心和重要交通枢纽，60 多座明清时期古民居保存完好。

　　②　月洲村文化遗存丰富、风光秀丽。古寨堡宁远庄是"四井拱梁"的大寨堡，由文林郎张谦建于雍正年间，历时五年竣工，占地面积为 5100 多平方米。堡内建筑奇特、装饰精致。张元幹故居坐北朝南，由张氏二十四世孙张柏住重建于明朝末年（1643），旁边还有书斋、圣人厅、水月亭、寒光阁、雪洞等遗址。10 公里的桃花溪风景如画，桃花溪边的摩崖石刻引人驻足欣赏。

　　③　永泰庄寨始建于唐朝，发展于明清时期。历史上，庄寨总量超过 2000 座，现存庄寨 152 座，面积 1000 平方米以上，年代 100 年以上的有 98 座，被誉为"南方民居防御建筑的奇葩，农耕社会家族聚落生存的记忆，传统乡绅文化弥足珍贵的载体"。庄寨是永泰独有的民间传统建筑，是在特殊的地理环境、历史背景、社会形态、生存空间中诞生的独具风格的高山民居。庄寨既有土石结构巍峨耸立的外墙，又有各色雅致小院和精致窗花木雕，具有居住和防御双重功能。

　　④　五夫镇自古就有"邹鲁渊源"之名，是理学宗师朱熹的故乡、朱子理学的形成地。朱熹在五夫镇从师求学长达 40 余年。

福建省委、省政府高度重视传统村落的保护与发展，投入大量资金进行抢救性保护，先后出台了《福建省传统村落评审认定办法》《福建省历史文化名镇名村保护发展规划》《保护和整治导则》《古建筑修缮定额》，还出版了《福建省传统民居类型全集》等，为守护古村落的青山绿水，传承古村落的文化精华，创建机制活、产业优、百姓富、生态美的新福建，不断努力。习近平总书记高度重视传统文化的保护、开发、利用，并做出了一系列的批示和讲话，对福建特色文化用"藏在深山人未识，撩开面纱惊八闽"的论断做了精辟评价。

（二）寻文创新元素

古村落的保护与发展离不开鲜活生命力的注入，没有生命力的古村落只会慢慢衰败直至消亡。作为一名艺术设计的教育工作者，面对蕴藏着如此丰富历史文化艺术资源的古村落，怎忍其美丽被人忽视、忘却？我们应从自身做起，善用身边资源，挖掘福建本土特色符号，打造特色艺术设计作品。教育的本质①是培养人的活动，它的职能是根据一定社会的要求，传递社会生产和生活经验，促进人的发展，培养该社会所需要的人才。

德国教育学家斯普朗格说过："教育的最终目的不是传授已有的东西，而是要把人的创造力量诱导出来，将生命感、价值感唤醒。"

新时代的人才培养已由传统单一型人才过渡为综合型人才。现代综合型人才应具有发现问题，进行思考，采取行动，勇于探索、

---

① 教育的本质是指教育的内在要素之间的根本联系和教育作为一种社会活动区别于其他社会活动的根本特征，与"教育现象"相对。

创新、分享的能力。笔者在教学中以"福建本土特色文创设计"为主题展开教学与设计，提倡关注身边、关注生态、关注资源、关注本土、关注传统；提倡探索实验精神，在有限的资源下，最大化创新设计。

案例一：文创《甍》设计——创造埭美古村的新时尚

埭美古村（见图 1、图 2）位于福建省漳州市九龙江的入海口与支流南溪交界的三角洲，是闽南最大、保存最完整的古代民居建筑群，也是"闽系红砖"建筑的代表之一，被列为第四批省级历史文化名村。这是一个有着 560 多年历史的神秘古村落，全村四面环水、古榕遍村、古厝成群。虽然沈海高速公路漳州港出口处距此仅有两公里，但这里好似一处被世人遗忘的世外桃源，具有"港环社，社枕港"的独特景观。

图 1　埭美古村

图2　埭美古村

走进埭美古村，仿佛依稀能听到历史的低沉回音。踏入古村，红砖瓦、燕儿尾、灰白墙……典型的闽系红砖建筑风格扑面而来。石砌墙体、红瓦屋面，厚重庄丽；木雕、砖雕、泥塑、梁拱雕花，独具匠心。

埭美古村于明景泰年间由开漳圣王陈元光后裔开基，几百年来，村民们严守陈氏先祖禁改建筑格局的遗训。古厝群傍水而建，呈轴对称排列，49座明清时代的古厝一律向北，20世纪60年代新建的227座新厝一律向南，房子格局大小一模一样。初来乍到的人根本分不清哪家哪户，犹如走进迷宫。埭美古村规划之整齐，令人叹为观止，获得了"一张规划管五百年"的美誉。当地政府极为重视古村的保护和修缮，2015年，陈氏古厝修建起占地面积约250平方米的"家风堂"。家风堂以"传家风家训，享家珍家誉"为主旨，传递埭美古村建筑的"和"文化内核。

结束对埭美古村的探寻，笔者指导学生对埭美古村的红砖、古厝、封火墙、飞檐等建筑元素一一进行提取（见图3），融合当地

"和"文化，在尊重传统特色基础上进行现代语境设计转换，主要
运用现代设计手法与工艺，设计制作了《甍》（见图4）生活类首
饰系列文创作品。作品以简洁的线条，运用非对称的均衡形式美法
则，对闽南古厝建筑外轮廓进行概括、分解、重组，再进行夸张、
对比的设计，既保留了对传统的尊重，又进行了大胆的尝试。最
终，作品《甍》① 喜获首届福建省大学生文化创新创意设计大赛金
奖（文博生活类）。

图3　埭美古村建筑元素提取图

---

① 进入网站可查看作品《甍》更多设计细节。http：//cuc．fjnu．edu．cn/newscenter/
xhyw/20175/69952．html．

图 4　《薏》首饰系列文创作品
（学生：林娜　指导老师：林芳）

案例二：《喜燕剪艺》CIS 设计——打造漳浦剪纸的品牌符号

剪纸是汉民族最古老的民间艺术之一。2006 年 5 月 20 日，剪纸艺术经国务院批准被列入第一批国家非物质文化遗产名录。2010 年，漳浦剪纸作为"中国剪纸"的子项，被列为世界非物质文化遗产。

漳浦——福建南部的千年文明古县，犹如历久弥香的千年老酒，那酒坛上的标记就是"漳浦剪纸"。漳浦剪纸丈量着先祖们创造文明的脚印，留下中原文化与海洋文化、吴越文化、楚粤文化交融的印迹，保留下这方水土民俗生活的记忆。漳浦剪纸艺术源远流长，唐宋以来非常活跃，据《漳浦县志》记载："元夕自初十放灯至十六夜，乃已神祠家庙，或用鳌山运傀儡，张灯烛，剪采为花，备极工巧。"这说明，唐宋时期，剪纸已经应用在"鳌山"，也就是灯笼制作上。这个传统一直延续至今。漳浦城乡各地仍保留着元宵佳节闹花灯、穿灯脚、跑撑艺等民俗活动，活动中使用的那些色彩斑斓的花灯、灯笼、撑轿上，处处可见剪纸的痕迹。

本着对传统文化探索的热情与坚持，笔者指导学生对"漳浦剪纸"进行一次次调研，逐渐明确其品牌设计定位不应仅停留在传统剪纸工艺本身，而应将"漳浦剪纸"打造成一个具有福建本土特色的文化品牌，走出去。《喜燕剪艺》CIS设计经过一次次调研、设计、改进、整理，最终完稿，打样参展（见图5）。

图5　《喜燕剪艺》CIS 设计
（学生：刘雪婷　指导老师：林芳）

《喜燕剪艺》CIS设计的Logo综合了"燕子""剪刀""中国结"等元素，经过多稿修改、简化，最终诞生。燕子象征春天、希望、生机；燕子北来南归，暗指闽南"漳浦"；"燕尾"造型又有"剪刀"之意，与剪纸不谋而合。中国结造型被简化为"线"进行再设计，为整体设计增加中国元素。品牌吉祥物造型则亲切、可爱又吉祥，其应用设计既具传统、本土地方特色，又具吉祥之意，市场开发、衍生价值巨大。《喜燕剪艺》品牌标记可应用在漳浦地区传统布艺、纸艺、器皿等衍生文创产品上，创生地方经济产业链，振兴乡村古镇。

（作者单位：福建师范大学协和学院文化产业系）

乡村振兴与永泰庄寨文化

李诠林　范斐菲

永泰建县于唐永泰二年（766）[1]，庄寨是具有永泰特色的古民居，清朝晚期，庄寨几乎遍及永泰各个村庄。根据福建省永泰县古村落庄寨保护与开发领导办公室的统计，历史上庄寨总量有两千多座，现保存较好的庄寨有 146 座，其中占地 1000 平方米以上的有 98 座[2]。永泰庄寨是历史变迁的记录者，是今天我们认识历史的重要依据。乡村振兴、传统文化发展，以及文化产业发展，成为永泰庄寨文化振兴、经济腾飞的新的契机。本文拟采用 swot 分析方法对永泰庄寨与乡村振兴的现状进行分析。

一、优势

（一）丰富的文化遗产

永泰庄寨是具有福建特色的历史文化建筑群。1964 年，在威尼斯通过的《保护文物建筑及历史地段的国际宪章》，将历史文物建

---

[1]　永泰县地方志编纂委员会编：《永泰县志》，北京：新华出版社，1992 年，第 1 页。

[2]　李耕、张明珍：《社区参与遗产保护的延展与共度——以福建永泰庄寨为例》，《广西民族大学学报》（哲学社会科学版），2018 年第 1 期。

筑定义为不仅包含个别的建筑作品，而且包含能够见证某种文明、某种有意义的发展或某种历史时间的城市或乡村环境，这不仅适用于伟大的艺术品，也适用于由于时光流逝而获得文化意义的在过去比较不重要的作品。在 2018 年福建省人民政府发布的《关于公布第九批省级文物保护单位名单及保护范围的通知》中，由同安寨、九斗庄、爱荆庄、宁远庄等庄寨组成的永泰庄寨建筑群上榜，这些庄寨均建于清代①。

从功能上看，永泰庄寨与福建土楼、土堡有所区别，集居住与防御功能于一体。一方面，永泰地区山多地少、交通闭塞、匪盗猖獗，安全成为生产作业的先决条件，故而需要以防御为功能的"寨"。另一方面，中国传统的多子多福的思想，以及根深蒂固的家族思想，使"四世同堂"的房屋成为人们的美好向往，故而形成了便于隔断，可以居住多代子孙的"庄"。永泰依靠山林、水能资源，经济实力较强，成为庄寨建造的基本保障。

从艺术上来看，中国传统文化渗透于庄寨建筑的方方面面。明清时代，永泰工匠足迹已遍及八闽②。秉承中国"天人合一"思想，永泰庄寨选址考究，巧妙地建造成汉字"目""日""回""甲"等对称建筑结构；内部装饰华美、精细、复杂，木雕、壁画众多，尤其是依托丰富的林木资源而形成的木雕工艺，不仅数量众多，而且内涵丰富。例如，有关于耕读、孝悌传统文化故事的作品，如"卧冰求鲤"；有关于中国历史文学等方面的名人故事的作品，如"李白醉酒"；有象征多子、多福、多财、多寿的美好愿景

---

① 《福建省人民政府关于公布第九批省级文物保护单位名单及保护范围的通知（闽政文〔2018〕218 号）》，福建省人民政府网，http://www.fujian.gov.cn/zc/zxwj/szfwj/201809/t20180930_4523957.htm.

② 永泰县地方志编纂委员会编：《永泰县志》，北京：新华出版社，1992 年，第 4 页。

的纹样，如主绘一只螃蟹，其一螯钳住一根芦苇，谐音"二甲传胪（芦）"，含有金榜题名的美好祝愿。另外，还有表现士大夫的情趣、佛教题材的雕刻纹样等。

从文化上来看，庄寨是中国宗族文化的一个剪影。不同于土楼，庄寨在设计之初就考虑到子孙后代的繁衍。首先，庄寨依然是家族权威的象征。如九斗庄院内杂草丛生，房间内长满了青苔，但仍然贴着还没有褪色的大红"喜"字，这说明其宗族内的大型仪式仍旧需要在庄寨中举行。其次，庄寨是家风传承的载体。好家风是支撑一个家族千百年发展的内在动力。中埔寨雕刻有"正人先正己，治家如治国……"120字家训；仁爱庄内有32字家训，并有规范个人、家庭、社会三方面的家规。再次，庄寨之间的互相帮助是宗族文化的重要部分。如《永福县志（卷八）》记载，康熙年间，山寇围庄寨，虽未能攻陷寨堡，但寨内由于无水，不能坚持太久。程奏公为程氏家族到二十四都杉洋请鲍、李、倪三姓数百人来救，程氏一族最终获救①。一座庄寨，无论是木雕，还是壁画，还是楹联，甚至窗户的形状都极为考究。设计者、建造者试图通过有限的物件，尽可能多地将中国传统的思想及对美好生活的愿望包含其中。

古老的庄寨在晚清时期或许是一种司空见惯的私人住宅，然而现存的146座庄寨却是珍贵的历史文物建筑，是乡村文化的记录者，是我们认识传统文化、认识闽都文化的重要窗口。

（二）秀美的自然风光

永泰县位于福州市的东南部，八山一水一分田，自然资源丰

---

① 陈焱，等修：《永福县志》，台北：成文出版社，1970年，第169页。

富。2015 年 8 月，习近平总书记提出"绿水青山就是金山银山"；2017 年 10 月 18 日，在十九大报告中，习近平总书记再次提出，必须践行绿水青山就是金山银山的理念，坚持节约资源和保护环境的基本国策。笔者在永泰县调研过程中，目力所及之处是山水环绕，是丰富的瓜果种类，是青山、绿田与农舍的纵横交错。

1. 难以替代的"中国天然氧吧"。据 1987 年普查数据，永泰县有林地面积 164 万亩，人均 5.3 亩，为全省人均 2.7 亩的 1.9 倍，森林覆盖率为 54.4%[①]。在工业化的进程中，许多地区乱砍滥伐现象严重，这是我国目前所面临的许多环境问题之一。但是，永泰县的森林覆盖率却有增无减。2015 年，永泰县森林覆盖率为74.57%，2020 年的目标是达到 75% 以上[②]。2018 年福建省《关于全面加强生态环境保护坚决打好污染防治攻坚战的实施意见》中所制定的具体目标，是到 2020 年森林覆盖率达到 66% 以上。据 2018年新闻报道，永泰县森林覆盖率已经达到 75.48%，超出福建省平均森林覆盖率近十个百分点。绿水青山，带来的是良好的空气环境。目前，我国中东部地区被雾霾问题困扰，城市化进程的加速使我国很多城市为空气污染问题所困扰。永泰县于 2018 年 9 月 26 日在 2018 年"中国天然氧吧"创建活动发布会上，以名列第一的成绩获评"中国天然氧吧"，其独特的生态资源是其他城市难以在短期内超越的，在中国是较为稀缺的，具有难以替代性。

2. 其他自然资源。永泰县海拔超过 1000 米以上的山峰有 77

---

① 永泰县地方志编纂委员会编：《永泰县志》，北京：新华出版社，1992 年，第 1 页。
② 《永泰县国民经济和社会发展第十三个五年规划纲要》，永泰县人民政府网站，ht-tp://ytx.fuzhou.gov.cn/xjwz/zwgk/zfxxgkzl/xrmzfjzfzcbm/fzhggj/gkml_14922/gmjjhshfzghzxghqygh_14925/201603/t20160309_1448099.htm.

座，属于亚热带季风气候①，降水丰富，无霜冻天气。依托地形、气候特点，永泰农业呈现特殊的状态，经济作物较多，果蔬类种植发达，粮食类作物较少。永泰人靠勤劳的双手生产出埔城李干、溪洋青梅、永福白菜、嵩口笋干、梧桐涂柿、盖洋香菇、姬岩茶叶、埕头糟菜、富泉羊、同安猪等闻名省内、颇具地方特色的农副产品②。笔者在调研过程中，见到了甘蔗、百香果、香蕉、涂柿等水果，丝瓜、秋葵等蔬菜，许多瓜果在中国北方城市是少见的。另外，很多城市里的青少年只见过饭桌上的食物，对于食物原材料从何而来毫不知情。目前，各地发展旅游采摘业，倡导慢生活理念，永泰地区在此方面具有得天独厚的优势。此外，永泰水资源丰富，温泉闻名遐迩，在乡村旅游方面是很好的补充。

独特的自然资源是大自然对于永泰县的馈赠，人们在这片沃土上耕作生活，形成了不同的农耕文明，是庄寨文化的重要组成部分。

二、劣势

（一）庄寨经营意识不强，未形成完整的乡村旅游规划线路

永泰庄寨是以宗族为核心的历史文化建筑群，是较有代表性的古村落。近年来，政府虽然不断加大保护力度，但是对文化资源的保护性开发却较为滞后。笔者认为，以庄寨建筑为中心、以宗族文化为核心，在物质文化和精神文化上均可以发展较为完备的文化观光产业链。但是，庄寨在经营方面存在一些问题。首先，庄寨由宗

---

① 永泰县地方志编纂委员会编：《永泰县志》，北京：新华出版社，1992 年，第 1 页。
② 同①，第 4 页。

族拥有，各自为营，经营意识不强。强烈的宗族意识一方面在庄寨的保护和修缮中起到积极作用；另一方面，庄寨是宗族的私有品，目前仍有庄寨用于私人居住，所以经营开发意识不强。如，爱荆庄理事会秉承两个原则：第一，需待保护做到一定程度，得到一定级别的官方系统认可，再说开发的事情。第二，自己修缮、自己申报、自行运营管理，这种思路就和地方政府方面侧重探索把庄寨推向市场，通过开发与旅游相结合的方式来达到保护的目的，构成了具有一定张力的关系①。再如，一位自驾游游客在游记中记述参观仁和庄时，其管理员正在田间劳作，被叫回来开门②。其次，庄寨数量众多，但未能突出各自特色，不能协调发展。《永泰县国民经济和社会发展第十三个五年规划纲要》中提出美丽乡村规划，即"一村一韵、一村一景、一家一品"的乡村生活格局，但是目前做到一韵一景、发展较为成熟的仅有嵩口古镇。永泰庄寨分布于各个不同的乡镇，包含关于耕读、孝悌等不同的中华传统美德，彼此之间具有相通之处但又互为补充，因此在乡村旅游线路规划中，在嵩口古镇打开市场之后，是否可以考虑联合其他乡镇，进而形成更为响亮的庄寨品牌。

（二）文化产业链不完整，配套设施不完善

乡村旅游是乡村振兴的重要措施，也是庄寨文化传播的一个重要途径。但是目前，永泰庄寨一日游较多，甚至旅行社推出的永泰一日游行程中，庄寨游只占半天。一方面，配套设施不完善。永泰地区山路较多，远离市区，是田园式生活的好去处，乡村旅游配套

---

① 李耕、张明珍：《社区参与遗产保护的延展与共度——以福建永泰庄寨为例》，《广西民族大学学报》（哲学社会科学版），2018年第1期。

② http://blog.sina.com.cn/s/blog_59ef10010102xsw2.html.

设施的完善成为留住游客的重要因素。笔者在调研过程中走访盖阳乡、同安镇、长庆镇等地，交通方式为自驾，各乡镇之间有一定的距离，没有发现公交车、旅游观光车、共享单车。以洋尾村爱荆庄为例，该庄距离向莆高铁站 19.3 公里，距离永泰火车站 20.8 公里，距离永泰汽车站 23.8 公里，均无可乘坐的公交车、观光游览车。住宿不发达是由一日游的经济现象造成的，但也反过来加剧了一日游的怪圈。面积较大的庄寨像中埔寨，目前虽然有一些老人、小孩居住，但仍有很多房间闲置。据寨主介绍，其他户人家多已搬出庄寨，也就年关回来几日。另外，私人的小型庄寨也分布在各个村落里，都是发展民宿的极好资源。餐饮方面，笔者在走访过程中，在各个乡镇及庄寨附近均没有发现可以吃饭的店面。永泰地区的葱饼、李干、柿饼等都有较高的名气，这是乡村旅游的一环，也是饮食文化的展现。另一方面，庄寨文化多为原生态文化，以庄寨文化为核心的衍生品较少。文化创意产品是对文化观光的又一种补充。笔者在所到的仁和庄、爱荆庄、中埔寨等庄寨中未见到有特色的成熟的文创店。

三、机会

（一）政策支持

庄寨是福建地区宗族文化的缩影，同时承载了优秀的中华传统文化。2014 年，习近平在纪念孔子诞辰 2565 周年国际学术研讨会暨国际儒学联合会第五届会员大会开幕会上的讲话中指出："优秀传统文化是一个国家、一个民族传承和发展的根本，如果丢掉了，就割断了精神命脉。"

2018 年 1 月 2 日，中共中央、国务院发布的《关于实施乡村振兴战略的意见》指出，要传承、发展、提升农村优秀传统文化，构建农村第一、第二、第三产业融合发展体系，具体提到了划定乡村建设的历史文化保护线，保护好文物古迹、传统村落、民族村寨、传统建筑、农业遗迹、灌溉工程遗产。实施休闲农业和乡村旅游精品工程，建设一批设施完备、功能多样的休闲观光园区、森林人家、康养基地、乡村民宿、特色小镇。发展乡村共享经济、创意农业、特色文化产业。福州市委于 2018 年 2 月出台《关于实施乡村振兴战略的实施意见》，提出从产业、人才、文化、生态和组织等五个方面组织实施乡村振兴战略，推进农业农村现代化。2018 年，永泰县政府工作报告具体提出以"中国乡村复兴论坛·永泰庄寨峰会"召开为契机，带动乡村传统文化复兴，实现乡村振兴。文化搭台，经济唱戏。乡村振兴战略的重点是保护优秀传统文化，同时借助特色文化产业，助推传统文化的传播，扩大传统文化的影响，帮助农村乡亲树立文化自信，增强文化自豪感，获得经济效益。

（二）内需增多

2018 年上半年，国内旅游人数为 28.26 亿人次，比上年同期增长 11.4%。其中，城镇居民 19.97 亿人次，增长 13.7%；农村居民 8.29 亿人次，增长 6.3%。国内旅游收入达 2.45 万亿元，比上年同期增长 12.5%。其中，城镇居民花费 1.95 万亿元，增长 13.7%；农村居民花费 0.50 万亿元，增长 8.3%[①]。一方面，从数据来看，近年来旅游人次大幅增加，永泰乡村旅游具有较大的发展空间。另一方面，由于城市生活的高强度、快节奏，以及空气质量下降等问

---

① 《2018 年上半年旅游经济主要数据报告》，中华人民共和国文化和旅游部网，http：//zwgk.mct.gov.cn/ceshi/lysj/201808/t20180822_834337.html.

题，越来越多的人选择慢节奏文化旅游地。永泰地区在地理上远离市区，而且具有良好的生态环境等先天优势，以庄寨文化为核心的乡村旅游业会有较大发展空间。

四、威胁

（一）市场竞争激烈

土楼、土堡和庄寨是福建省三大古村落类型，在旅游市场上的竞争愈显激烈。土楼重居住功能，土堡重防御功能，庄寨则集居住与防御功能于一体。三者之中，土楼目前相对占据更多的旅游市场。首先，土楼具有更强大的文化品牌。2008 年 7 月 7 日，福建龙岩市永定县和漳州市南靖县的 46 座土楼，被列入《世界遗产名录》，属于世界文化遗产。2016 年，国产动漫《大鱼海棠》获得5.65 亿元票房，电影中出现的土楼便是以福建龙岩永定客家土楼中的承启楼为原型的，这部动漫的制作历时 12 年，具有大量中国元素，上映前后在网络上引起了极高的关注，为永定土楼带来了热度。此外，《云水谣》《功夫熊猫》《下南洋》《爸爸去哪儿》等一批优良的电影及综艺节目都曾在土楼取材，客观上增强了土楼品牌影响力。其次，借助品牌效应，土楼已经形成了较为完备的乡村旅游产业链。乡村美食、特色民宿及旅游纪念品等发展较为成熟。面对强劲的对手，永泰庄寨旅游业的发展压力颇大。

（二）文化遗产破坏严重

笔者在走访过程中发现，各地庄寨建筑破坏严重。传统木构建筑需要勤加维护，如瓦片翻新、木料更替等。降水、风灾、长期无人居住等多种原因导致建筑物老化、坍塌。另一种常见的损坏是建筑物构件因被偷盗或售卖而缺损。笔者走访九斗庄时，被门前冷落、杂草丛生、青苔满地的景象震惊，没有管理者也没有游览者。爱荆庄、升平庄目前无人居住。很多庄寨建筑物上的木雕都有缺损，尤其是雕刻在窗、门等处的木雕。木质楼梯等也有不同程度的磨损。与中埔寨寨主交流时，寨主告诉我们，庄寨原有四个对称的精美的木质窗，其中一个多年前被族人卖掉了。在一处小型的、现私人居住的庄寨中，老人家告诉我们，几十年前柱础曾经被盗。这种被盗事件非常多见。文化遗产的开发与利用以保护为前提，如果庄寨没有维护好，宗族文化就像是没有躯体的游魂，其影响力会降低，凝聚力也会降低。

（三）文化和经济的平衡

历史文化资源的开发与保护面临着文化利益、社会利益与经济利益的权衡。国家非物质文化遗产名录专家委员会主任委员冯骥才在 2018 年中国民族文化旅游暨中国传统村落·黔东南研讨会发言中，以保护传统村落为例说，官员想把政绩放在传统村落里，开发商想把利益放进去，而老百姓希望传统村落能改善自己的生活①。目前，借助庄寨文化推出乡村旅游的乡村振兴战略已经成为时下最热的模式。在开发过程中，保护当地生态环境，保护文化遗产，传播优秀传统文化，与过度商业化、过度追求经济利益形成一种博弈。

五、对策与意见

（一）保护好文化遗产

"十三五"时期，国家文物局提出，将推动文物保护实现"两

---

① 《声音》，《南方日报》，2018 年 5 月 2 日，第 2 版。

个转变"：由注重抢救性保护向抢救性与预防性保护并重转变；由注重文物本体保护向文物本体与周边环境、文化生态的整体保护转变，确保文物安全。致力传统村落、古庄寨保护开发，是永泰地方政府 2018 年的工作重点。目前，永泰庄寨的保护已经有了一定的成果。文化遗产保护需要地方政府、社会与个人三方共同的努力。例如，一名外地知识分子在宗族的认捐现场表示也想出钱，但被人们以"你是外人，参与就乱套了"的理由给拒绝。家族观念过于强烈，私有财产的观念过于强烈，不利于发挥社会优势。在资金、修复技术、保护理念、开发模式等方面，借助社会力量才能创造更大的优势条件。笔者此次赴永泰调研一路跟随台湾古建筑研究学者王庆台老师和历史学教授谢必震教授。王庆台老师对每一个木雕纹样、每一座建筑布局等都一一予以阐释。寨主与县领导表示，如果没有此次的解读都不知道木雕不仅是精美的艺术品，而且家族的精神、先辈的教导与希冀都蕴含在这一刀一刀雕刻而成的纹样之中。

因此，以庄寨传承者为核心与主导，在政府帮助下，借助社会力量完成庄寨文化有品质的传承是庄寨发展的题中应有之义。

（二）文化与文化传承者的就地保护

城镇化的关键问题不是农民进不进城镇，而是农村能不能实现传统农业向非农产业的转型，农民能不能摆脱对土地的依赖实现职业转换。除了农民进城镇之外，就地城镇化同样是城镇化的重要途径。就地城镇化，往往投入最少，效果最佳①。一方水土养育一方人，每一个地区独特的文化景观都是与本地区的人民密不可分的。庄寨文化，是一个家族的故事，是一段历史的记录。笔者在与各位

---

① 祁述裕：《善用文化资源实现就地城镇化》，《行政管理改革》，2013 年第 9 期。

寨主交谈中发现，纵使他们对于庄寨文物被盗、庄寨老化、年轻人搬离庄寨等问题表示惋惜，但是当讲起家族的故事时，他们还是充满了自豪感。因此，本地居民是庄寨文化保护与开发的中坚力量。

就地城镇化，是传统文化与乡民的互相成就。传统文化的保护与复兴需要乡民的帮助，乡民的脱贫致富则要借助传统文化的复兴。传统文化以文化成就者为主体进行复兴，唤醒乡民的文化自觉与文化自信，使乡民不仅仅在经济上脱贫，更在文化上脱贫。文化脱贫要显现出实实在在的力量，就要使文化作为产业成为脱贫的路径与模式，如乡村旅游、传统手工艺振兴、文化集市等，在文化村落的保护性开发中着力构建文化产业生态系统，以各类"合作社"为载体，以培训各类人才为抓手，以基层党建为统领，使乡村文化产业成为打赢脱贫攻坚的重要抓手①。

就地城镇化，涉及文化传承者的就地保护问题，即文化传承者在庄寨中的位置，以及在文化传承中的位置问题。如果仅仅是将庄寨发展成旅游目的地，将庄寨成员定义为"门票经济"的受益者，不仅不利于文化的传承，反而会使文化传承者在愈发粗暴的经济模式中丧失对文化的深层次认同。

（三）完善文化产业链

根据国家统计局 2004 年 3 月发布的《文化及相关产业分类》，文化产业被分为三个层次——文化产业核心层、文化产业外围层、相关文化产业层。其中，文化产业核心层包括新闻、书报刊、音像制品、文物及文化保护等；文化产业外围层包括互联网、游览景区文化服务、会展等；相关文化产业层包括文具、广播电视设备、工

---

① 范玉刚：《脱贫攻坚文化不可缺位》，《理论视野》，2018 年第 8 期。

艺品的生产和销售等。文物及文化保护处于文化产业核心层，而由此产生的乡村旅游、乡村工艺品制作分别位于文化产业外围层与相关文化产业层。因此，以庄寨文化为核心，应该在现有的发展基础上完善文化产业链，使乡村文化产业成为永泰地区的支柱产业。

乡村文化产业跟着市场走，目的是提高经济效益。创造和生产的主体是农民自己，生产方式以作坊、车间生产为主，将地域中的文化资源提升为具有现代文化风格的产品和服务，主要包括手工艺、旅游和园艺等，主要地区包括具有特色文化和自然资源的农村①。永泰庄寨所占有的文化资源与自然资源独特，但与土楼和土堡之间存在着同质与竞争关系。因此，明确永泰地区的庄寨文化定位，完善文化产业链，是永泰文化振兴过程的重要一环。目前，永泰地区的庄寨文化以保护为主，开发相对不够完备。除嵩口古镇已经形成较为完备的乡村旅游模式外，其他村落并没有对嵩口古镇形成补充。笔者建议，首先借助乡村振兴与文化产业做好乡村旅游产业链。其次，配套设施的规划与升级是乡村旅游的保证。目前，庄寨文化产业开发涉及的领域相对较少，因此，永泰庄寨文化创意产品结构要丰富起来，从核心文化产业向周边文化产业拓展，使庄寨文化创意产业能够渗入生活的方方面面。

（作者单位：福建师范大学闽台区域研究中心）

---

① 李宇佳、刘笑冰、江晶，等：《乡村振兴背景下乡村文化产业发展展望》，《农业展望》，2018 年第 7 期。

三义乡与嵩口镇的文创交流

黎焕延

当代文创产业的文化生产模式已经成为全球主流的生产方式，并借此不断扩大市场的范围，而历史文化独特的内涵元素，此时也成为各地建构文化品牌的创新动力。综观文化产业的生产方式，其目的就是建立一种新的文化消费体验模式。它借由打造新的文化风格和品牌，并提供多元的文化内容消费，来产生新的文化价值与市场。在这种文化生产的过程中，文化产业与文化品牌之间是一种互相滋养、不断循环的生态过程。

在这波文化产业的发展过程中，大陆与台湾都出现了"社区营造"和"乡村振兴"的需求。文创产业与文化品牌的制造在此时也都成为主要诉求目标，并发挥了主要的生产动力。其中，台湾地区的三义乡和大陆的嵩口镇在文化背景与文化生产方面，既有许多相似之处，又各有相异的文化特色。根据本研究调查，三义乡积极的文化建设始于 2002 年，被成功地打造成一个台湾著名的木材雕刻重镇和文化旅游景点。嵩口镇在历史文化内涵的酝酿下，目前也成为文化政策推动和乡村文化旅游的重要地标。

因此，本研究一方面借由三义乡的文化建设与生产经验来分析评估嵩口镇的发展潜能；另一方面也进行三义乡的调研，期望发现其潜藏的文化资源要素如何经由文创产业的规划设计，成功打造成具有乡镇特色的文化品牌。

本研究的最终目标是提供打造嵩口镇的乡村经济、主体价值和文化地位的方法，使得日后能深入营造嵩口镇的文化特色，使大众能有满意的文化消费体验，产生有口皆碑的文化品牌，让嵩口镇获得文化再生产的创新价值。

一、两个古镇的自然资源与文化背景分析

（一）三义乡的自然资源与文化背景

三义乡位于台湾省中部苗栗县的南部。三义乡的木雕产业源自台湾多山和林相丰富的自然资源，其中最著名的是 1906 年被日本人发现的阿里山神木，以至形成蜂拥而至的观光热潮。但是到了 1999 年，神木终于不敌三千年的自然风雨而倾倒，不过神木的品牌印象和怀旧联想仍持续发挥效应。三义乡的木雕产业最早源于日据时期的樟脑产业和伐木经济。之后，随着樟脑制造业的没落，转向木雕产业发展。木雕产业起初以天然木雕的居家装饰用途开始，接着是外销市场的发展繁盛时期，之后在全球经济不景气的阶段逐渐没落，面临转型困境。

三义乡的木雕产业在日据时期迅速发展，并推动外销市场，与多个国家和地区建立起销售渠道，于 1966 年达到最高峰。当时的木雕企业接近 200 家，使得木雕与铁道、客家庄等齐名，成为三义乡文化的"三趣"特色之一。水美木雕街是三义乡最为出名的木雕艺术聚集地，200 多家的木雕艺术店生产了各式各样的木雕艺术品。三义乡的木雕产业兴盛，素有"台湾木雕王国"之雅号。但是木雕产业逐渐没落后，产业不断外移。因此，2002 年以来，三义乡大力

推动文化创意产业提升发展的若干政策，企图再创造文化的新
价值。

三义乡土地面积约为 69.3 平方公里，人口约 54.7 万（2019 年
4 月统计数字），辖 7 个村。三义乡以客家人为主，其余为闽南人
和当地少数民族等。

三义乡的自然资源缺稀，全境多为丘陵地形，地质不易栽种粮
食作物，因此发展在地文化特色产业就成为当务之急。Robinette 等
人于 2001 年提出的当代感性营销的"五性"理论认为，这种精神
文化性的传输包含故事性、关联性、体验性、创意性与价值性。文
化资源正是当代感性体验营销的核心所在。三义乡应将这些具有时
间怀旧、历史记忆的乡村特色，转变成地方的文化生产资本，转型
成当代文化消费的主体产业。

（二）嵩口镇的自然资源与文化背景

嵩口镇位于福建省福州市永泰县的西南部，元明时期商业已经
十分繁荣，形成了农历每月初一、十五的赶圩习俗，成为远近闻名
的客流、货流、物流集散地。嵩口镇区有 60 多座明清时期的古民
居仍保存完好，而在嵩口各村，保存完好的明清古民居达百座以
上。因此，古建筑专家和文物专家称赞嵩口古民居"品种之多，数
量之众，保存之好，艺术之高，堪称奇迹"。因此，2016 年国家公
布首批 127 个特色小镇时，嵩口镇便是其中之一。在获评"中国历
史文化名镇"后，嵩口镇也出台专门的古民居管理办法，配合文物
等有关部门，对古民居进行更好的保护。

嵩口镇土地面积约为 257.6 平方公里，耕地面积约 9.42 平方
公里，人口约 3.26 万，辖 20 个行政村。

嵩口镇是永泰县西南部的政治、经济、文化中心和重要交通枢

纽，是永泰县重要的农业、林业、李果的生产大镇。这里也是南宋爱国词人张元幹、闾山派道教宗师张圣君的故乡，嵩口司"铁印直行"的典故更是脍炙人口，每月初一、十五的赶墟习俗自南宋时期一直延续至今。这里的古民居建筑多为明清风格，又带有闽中地域特色。手工艺以木雕、石雕、泥塑和彩绘艺术为特色，蕴含着嵩口丰厚的历史文化。

二、三义乡建构一乡镇一特色（OTOP）的文创产业策略

三义乡的木雕产业起源有两种传说。其一，传说日据时期，当地乡民捡拾奇形怪状的天然木头，磨光涂漆后成为家中的摆饰。日本人获悉后十分喜欢，就四处收集，进而形成一种外销市场的产业。其二，传说当地木头从业者将木头造型做成捶打糯米的木臼，之后又将此木臼凹洞贴上铜片，放上木炭后做成暖炉。日本天气较冷，有此需求，便大量进口。日据时期，三义乡的木雕产业仍属萌芽阶段。山线本地以天然的木艺造型为主，而海线的通霄地区则以人物造型为主，二者后来逐渐融合，形成三义乡木雕产业的现貌。

台湾光复后，1946 年，刘息春成立"兴业务产公司"开始从事雕刻事业，逐渐打开知名度，并陆续投入市场，使得三义乡的木雕产业得以传承下来。1951 年到 1980 年是外销市场销售的成长期，加上台湾手工业推展中心的协助，木雕店数量快速增加。1963 年到 1973 年是三义乡木雕产业发展的黄金时期，从业户数约占全乡总户数的 7/10，订单应接不暇。20 世纪 80 年代，由于高速公路的衔接，木雕产业往艺术化的方向转型，以及举办木雕比赛和典藏木雕作品等，三义乡的木雕产业的品质提升不少。

随着现代科技文明的发展，人们已经建构了一个全球化的资讯

交流网络。正是在这个时候，"文化产业"成为我们熟悉的一个语词和现象，文化产业也成为当代文化实践中人们最主要的生产与消费形式。它不仅是社会意义生产的重要机制，更是文化再生产与创制的动力来源。

学者胡惠林指出，文化产业的兴起与政治、教育、媒介和全球化资本扩张等现象有关。这种创意形态的大众文化生产方式具有多元、水平流动、分享参与、底层通俗、由下而上等革命性质。它是借由物质的创新生产方式，产生了非物质的文化生存状态，而人们打造的外在对象世界，之后也就成为人们精神世界文化认知的内容来源与标准。因此，文化资源、文化产品和非物质文化遗产等，就成为发展文化产业的重要推动力。

20世纪90年代"苗栗木雕艺术展示馆"的成立，成功结合了三义乡的木雕产业，并提高了木雕的文化地位和艺术价值。1995年后，东南亚各国和大陆的木雕产品也大举进入市场，使得三义乡的木雕产业进入停顿整理和反思出路的阶段：一方面放弃大量生产的模式，另一方面积极从质的内容改进，提升艺术创作的水平。1996年，三义乡开始举办多种文化活动和木雕比赛，并成立在地的艺术组织"苗栗县三义木雕协会"，与当地企业联合举办艺术季等活动，活动范围包括戏剧、歌唱、艺文等类型。

台湾地区文创产业正式启动的标志是1995年"文建会"举办的"文化产业研讨会"。会议提出"文化产业化，产业文化化"的主题，并成为日后推动社区总体营造的主要方针。2002年，"文化创意产业"被列为"挑战2008"重点发展计划。一方面，借由文化建设来提升文化生产的经济附加价值；另一方面，在全球化的趋势下，借此提升人们的生活审美水平，重建对于传统文化的自信心。因为文化产业的价值来自和其他产业的融合与创新，进而带动了一种新的文化生产形式与内容，当群聚的连锁效应形成时，就能产生崭新的文化生产形式。借由这些新的感知认识和文化秩序的传播媒介，人们便能成功打造当代新的文化生产、消费形式和感知、审美的生活方式。

学者王嵩山指出，传统工艺具有蕴含族群与社会文化内涵的功能，并反映出人们日常生活的真实情况。2003 年，苗栗县的工艺产业以内销为主，总值为 5.5 亿元新台币，共有企业 221 家。三义乡的木雕产业在六七十年中也累积了许多文化故事和产品样貌，包括耆老的口述历史、研究著作、影视作品等传播形式，通过触觉、听觉、味觉和视觉等方式，形成自身的文化特色与情感的知觉记忆。

如同王本壮的研究所指出的，台湾的文创产业推展是沿着"社区总体营造推动地方特色产业振兴"的策划路径前进的，借此来有计划地推动三义乡木雕产业的营运、设计、形象、能见度与媒体传销。三义乡所动员的文创资源包括特色建筑、工艺、旅游、农业、美食与文化节庆等。这种由体验经济所带来的创新价值，是从生产原料、制造商品、提供服务、设计体验等过程一路演进而来的。因此，三义乡的木雕产业从地方的自然资源中被开发出来，并具有实用性、观赏性和亲近台湾神木故事的关联性；而这些木头经过艺术文创的打造后，质量就能更上一层，成为兼具艺术价值和市场价值的产物。

三、打造三义乡文化产业的群聚效应

大规模的整体思维兴起后，人们了解到，木雕产业必须和其他文化资源、文化活动紧密结合，才能发酵扩散。因此，人们必须创造一个包含历史、文化、艺术、休闲、观光、职训和产业在内的结

盟，才能发挥群聚效应。三义乡的文化产业在这时期进入成熟期。这一时期的思维与规划奠定了三义乡在文化、艺术、木雕、旅游等项目的服务功能，并达成乡村振兴、深度永续的发展目标。三义乡的木雕产业经历了从代工生产的形式转型为艺术创作的文化产业过程，最终形成文化社群群聚的生态系统，成功地结合了在地的各种文化资源。

三义乡的木雕产业所结合的在地性文化资源包括自然景观、历史文化、宗教圣地、博物馆、休闲景点、组织机构、文化节庆等，是自然与人为互动的协作结果。项目分析如下：

1. 自然景观：龙腾瀑布、鲤鱼潭水库、双潭观光园区、挑炭古道、三通岭步道、三角山登山步道等。

2. 历史文化：1984 年，刘益昌教授等人在鲤鱼潭地区发现"伯公垄"旧石器遗址共 12 处。从出土的器物来看，大多不是本地原产的，推测有辗转交流的情形。这些史前遗物存在于两千年前的黑陶文化到三四千年前的彩陶文化时期。"伯公垄文化"的年代在三千七百年前到一万年前。这些历史文化的底蕴沉积于此，成为人们共同情感记忆的发酵来源。

3. 宗教圣地：佛顶山朝圣寺、九华山大兴善寺、法鼓山三义道场、慈济茶园等四处。

4. 博物馆：三义木雕博物馆、中华樟脑博物馆、台湾艺术博物馆、三义客家书院、三义山板樵脸谱文化生活馆、火炎山森林生态教育馆等。

5. 休闲景点：旧山线铁路停驶后在三义乡附近留下许多物质遗产，有胜兴车站（台湾地区海拔最高的火车站，标高 402.326 米）、龙腾断桥、胜兴老街、鲤鱼潭铁桥和隧道等，另外还有挑柴古道、自然保留区景点、三义火炎山自然保留区、登山步道、神雕村、绿色隧道、关刀山、望晴谷、三义休息服务区、西湖度假村、民宿景点、水美街（雕刻街）等。

6. 组织机构：三义木雕文创产业也结合了当地电视台、客家委员会、高校、苗栗客家文化园区、裕隆汽车公司、雕刻工会、神雕文化艺术发展协会、苗栗县三义木雕发展协会等组织。

7. 文化节庆：客家桐花祭、三义云火龙节、国际木雕比赛与展览、糕饼桐心、客家蓝染、客家国乐表演、客家品茗创意表演、客家特色茶餐等。

三义乡的文化资源在文化产业整体性发展思维的引领下，产生了较大的群聚效应，扩大了三义乡文化品牌的影响力。

四、结语和建议

三义乡木雕文创产业的群聚效应表现在能够从组织协力、加强行销、公共活动、形塑特色、辅导产业和周边整合等角度切入营造，直接提供扶持乡村振兴的策略和行动，达成各方的需求，朝向营造乡村特色风格、农业优势和核心价值的共同目标，获得具有能见度、体验度和满意度的文化品牌建设成果。

这种品牌形象既是物质性的表象塑造，也是非物质性的心理层面满足。三义乡和嵩口镇文创发展的文化底蕴有许多相似之处，也各有特色。因此在前文比较二者的情况下，提出对嵩口镇文化产业初期发展的规划建议：

（一）提高居民意识，整合文化生产、营销的力量

台湾地区的文创产业发展主要是从地方的需求和投入开始的，这种发展模式和大陆的进展并不相同。但是，嵩口镇在乡镇文化生

命的延续与创新过程中，也会引发许多外部的意见和不同需求，使得在地的文化和需求不能得到充分发展和满意解决，最终也无法提高乡村地位和文化的主体性，使得呈现的成果和其他地区相似，因而缺少了在地的文化特色。

（二）文化的底蕴整合和文创的故事发酵，二者有密不可分的关系

文化产业的发展必须与其他产业充分融合，这个文化的酝酿过程是不可少的。因此，必须耐心地去经营、整合各方的需求，才能确保特色产业的成功营销。因为，只依靠一项产品或产业，在这个文化生产极度丰富的消费时代，已无法满足民众的需求和审美。

（作者单位：福建工程学院设计学院）

探索特色乡镇创新发展中的"多元共生"

——以闽清江滨陶瓷壁画长廊为例

唐一鹏

缘起

福建省闽清县陶瓷制造历史可追溯到南宋年间，一千多年来，留下了"陶瓷之都"的美誉。"南海一号"水下考古时，发现沉船上有大量产自闽清义窑的瓷器。闽清境内丰富的高岭土资源助推陶瓷业成为当地特色和支柱产业。悠久的历史在当地积淀了深厚的文化底蕴，留下众多的人文历史、文物古迹，并由此形成了独特的地方文化。

2016 年 7 月 9 日，闽清梅溪流域发生特大洪灾，境内多处古民居损毁。灾后的梅溪下游流域废墟成堆，地方政府遂对沿河两岸进行整体改造，在沿岸 8 公里区域内规划建设生态主题公园。该公园以地方产业瓷文化为核心，兼具生态休闲、娱乐健身等功能，用陶瓷壁画长廊的形式表现当地历史民俗风貌，既展示陶瓷产业特色，又融合地方文化，旨在展现青山绿水，留住美丽乡愁。

一、突破传统认知，多元共生

可持续发展战略是我国国情和实现经济发展的唯一选择，关系到民族生存和发展的长远大计，也是社会进步的根本保证①。长期以来，闽清形成了以陶瓷为支柱的产业，产品以电陶、建陶为主。然而，传统陶瓷产业面临高污染、高能耗、高资源消耗等压力。建筑陶瓷产业如何实现经济与环境协调可持续发展，能否转型升级到高附加值的产业并由此拓宽产品应用领域，是当下产业创新面临的问题。相比建材瓷，艺术瓷附加值高，对生态环境影响小，能否让艺术瓷在产业创新中得到质的飞跃、突破应用领域？本次陶瓷壁画长廊的创新实践很好地回答了这个问题。

创意团队立足于当地陶瓷产业，以生态公园陶瓷壁画为契机，选择陶瓷作为创意载体，运用岩彩表现形式，开发出高附加值的艺术瓷。地方政府搭建了合作平台，意图通过产品研发引导陶瓷产业转型升级服务于地方文化建设，这一思路导向与当前乡村振兴战略相吻合。

（一）壁画载体的创新是多元共生、产业转型的突破口

陶瓷壁画长廊随着江岸延伸，分成几段，长达千米。这个载体突出陶瓷产业特色，以户外长卷图式的效果展现闽清历史文化。当地原有的日用瓷生产技术无法满足户外超大幅面的陶瓷制作，因此陶瓷壁画长廊的制作，首先要从材料上创新。在地方企业序源堂公

---

① 张骥飞：《可持续发展与生态旅游学研究》，吉林：东北师范大学出版社，2018 年，第 62 页。

司研发团队努力下，经过反复探索实验，研发团队终于攻克大型陶瓷壁画的技术难关，先后获得 30 多项国家专利。研发出陶瓷厚度可薄至 5 毫米，幅面达 3.6×1.2 平方米，视觉上呈现出纸质亚光效果，高清晰、无色差，不变形、不龟裂，具备一定延展性和抗击打能力，颜色一致，同时保留釉下不脱色、耐酸碱的特性，这样就可以应用到户外壁画中。

以其中一段《梅川礼乐图》壁画为例，这段壁画采用陶瓷釉下彩工艺高温烧制，使用的矿物质颜料多达数百斤，大型瓷片总面积达 600 多平方米。壁画采用岩彩画创作，由高温烧制的陶瓷"绘制"而成，材料在户外抗击打、耐腐蚀，能经受温差和雨水。这些技术创新的应用，为地方陶瓷产业转型升级找到了突破口。

陶瓷壁画长廊犹如一幅打开的画卷，与生态公园的环境融为一体。陶瓷这个载体的优点是耐高温、耐酸碱和耐湿，适合户外公共空间展示。结合江岸景致，陶瓷壁画长廊从形式上确立以散点构图的长卷表现形式，把当地人文典故、风土人情、古迹、遗址等人文景观与自然景观有机连在一起，再现乡村生活气息，表现出可游可居的山水情怀。

对于百米长卷壁画而言，在绘画材料选择上，传统国画表现力相对单薄，油画在户外存在反光并不适宜，而岩彩材料比较厚重，适合表现宏大的画卷。岩彩材料是由天然矿物色加工而成，耐高温，具有矿物色晶体色泽和丰富多变的肌理，与陶瓷釉料有天然相似性，具备厚重感和层次感，能很好地表现当地历史底蕴。这也是岩彩材料在户外的应用拓展。

（二）以当地历史文脉为基础，重视壁画传统文化挖掘

陶瓷产业、梅溪河道和当地文化构成闽清特色乡镇的三个维

度。陶瓷壁画抓住特色产业、特定地域和文化风貌三个基本元素进行创意设计，把当地沿江生态、陶瓷技术和岩彩画艺术三者结合在一起，做出具有地方特色、表现地方精神面貌的壁画长廊，实现景村一致。行走在闽清县江滨生态公园，千米长的陶瓷壁画呈现当地的历史文化，让人感受到闽清陶瓷产业新的魅力。

陶瓷壁画深挖地方文化内涵，寻找乡村历史渊源，展现当地陶瓷文化，从而避免了乡村建设中的"千城一面"的问题①。在生态公园里，最引人注目的是《梅川礼乐图》陶瓷壁画（见图1），该壁画长380米，高2.5米。画面采用岩彩画风，间以青绿山水泼墨技法绘制。壁画中汇聚了当地风景名胜，513个人物呈现耕读传家、赶圩贩卖的场景，将闽清的风土民俗融入其中，组成釉下青绿岩彩陶瓷长卷，展现闽清传统"礼乐文化"。

图1　陶瓷壁画《梅川礼乐图》表现当地市井生活（局部）

另外三幅是长200米、高3.3米的《闽清胜迹图》，长103米、高3.2米的《千年丝路飘梅香》（见图2），长80米、高3.2米的《义窑图》，这些壁画随着栈道绵延伸展，一方面唯美地展示了闽清的山水名胜古迹，另一方面生动地展现了闽清传统礼乐文化和海丝文化，形成一道独具特色的风光长廊。这是在创意研发人员共同努

---

① 单霁翔：《文化遗产保护国际视野》，天津：天津大学出版社，2017年，第39页。

力下，产业转型、多元共生创新的结晶。

图2　陶瓷壁画《千年丝路飘梅香》表现丝路船队（局部）

二、深掘地方历史，表现礼乐文化

陶瓷壁画长廊在表现主题的选择上，遵循国家《关于实施乡村振兴战略的意见》文件精神，在传承保护的基础上，通过创新创造，赋予时代内涵，丰富表现形式。

策划初始，创意团队由于缺乏系统梳理和整合，对本土的历史文化认知一度不得要领。之后，团队通过大量田野调查摸清当地的人文历史，经过整个夏天的走访调研，提炼整理出"二陈"礼乐文化、陶瓷史迹、地方美食特产三个贯穿闽清历史的主要地方文化。

（一）"二陈"礼乐文化提炼

闽清自古人杰地灵、人才辈出，际上村陈姓一族先后出过18位进士，成为当地耕读典范，开创影响深远的"二陈"礼乐文化。朱熹笔下"棣萼一门双理学，梅溪千古两先生"称颂的就是并称"梅溪二陈先生"的陈祥道、陈旸兄弟。兄弟二人北宋同朝为官，哥哥陈祥道著有《礼书》150卷和《仪礼注解》32卷；弟弟陈旸著有《乐书》200卷。《礼书》《乐书》均收录于《四库全书》中。

　　创意团队走访闽清"二陈"纪念馆、陈氏族谱和际上陈氏故里，厘清陈祥道、陈旸史迹逸事，找到散落民间的大量文物古迹，有"十八学士先兆"古石碑、南宋状元张孝祥来访留下"起傅岩"摩崖石刻、古石桥、石磴桥、石板古驿道、石泉、贤良陂遗址、开闽寺遗址、双叠百米飞漈等。透过这些文史资料串起的历史风貌，大家看到文创背后的真正意义——文创能留住文化的根脉。

　　"二陈"为闽清地方留下的文化影响就是中华礼乐文化。其中，《乐书》问世的时间比西方《音乐辞典》还早 600 多年，是世界上第一部音乐百科全书。千百年来，礼乐文化始终在当地存续，闽清境内迎亲、结婚拜堂办酒、游神看戏等活动皆内合天地自然之道，外应人们心灵性情之需，其形式虽随文明发展一直在演变，但内涵实质一直在延续。直至近代，在礼乐文化影响下，当地涌现出一批优秀的爱国儿女，有辛亥革命先驱黄乃裳、甲午战争爱国烈士黄乃模、当代肝胆科泰斗吴孟超等。

（二）历史悠久的"瓷都"

　　创意团队考察调研发现，三次文物普查结果，闽清东桥镇一带散落上百个宋元以来古龙窑遗址，沿闽江边分布在 20 多座山头，整体遗址 1991 年被定为省级文物保护单位。2004 年，东桥义由村更是发现一座长达 104 米保存完整的龙窑，这项发现填补了福建完整性古龙窑的空白。在当地方言中，"由"和"窑"发音接近，地名"义由"便是由"义窑"演化而来。义由古龙窑烧制的是民用青白瓷，伴随着海上丝路兴起，鼎盛时远销东南亚等地，留下了丰厚的历史文化。"南海一号"沉船发掘大量产自闽清义由的瓷器，便是佐证。发展至今，闽清的池园、白樟一带逐渐形成陶瓷重镇，在当地有"瓷都"一说。2007 年 9 月，中央电视台专门制作了纪录片《走进福州——义窑之谜》进行报道。

　　基于上述对当地陶瓷史料的考查，以及对现今地方产业的了解，陶瓷壁画在礼乐文化中加入地方生产陶瓷时劳作的场面，如取泥、炼泥、制胚、刻花、上釉、烧窑、出窑。最后，满载陶瓷的船只扬帆出海，表现了当时陶瓷产业的兴盛。

（三）再现当地民风民俗

　　创意团队在寻找素材的过程中，挖掘出富有地方特色的民俗民风。道教张圣君信仰和十番音乐表演，是地方精神的活化石，常年活跃于民间。作为音乐表演，十番的历史可追溯到北宋宫廷教坊的演奏乐队①。特产糟菜、粉干和橄榄是闽清三宝，至今保留着特别的加工工艺，是馈赠亲友的绝佳礼品。在集市上，制作特色美食是一道风景，常见的有糟菜上排汤、肉仔丸、橄榄猪肚、省璜糟鸭、笋滑、炖番鸭、白云山茶油、茶口粉干、池园烤豆腐、手炒年糕等，这些美食都是依据时令而做。遇上节庆，各乡十番表演聚在集市，往往会伴有张圣君游神活动。久而久之，老百姓亲切称赶集为"十八坂"，指的就是十八个乡的农民聚到坂东赶集的意思。

　　陶瓷壁画以"二陈"活动为线索，把民风民俗、文化古迹融进自然景观中，在青绿山水中表现人民的生活。闽清古称"梅"，河流称作"梅溪"，因而其中一个陶瓷壁画被命名为《梅川礼乐图》。壁画中出现的文化古迹有台山石塔、芝田宫、陈氏宗祠、六叶祠（福建省最大的古祠堂）、"二陈"纪念馆、白云寺、白岩寺、宏琳厝（古民居）、四乐轩（古民居）、砖坪下（古民居）、娘寨（古民

---

　　①　唐子舜、任重：《千村故事：手技手艺卷》，北京：中国社会科学出版社，2018年，第183页。

居）、冬笋寨（古民居）、合龙桥（特色廊桥建筑）、下马亭（古建筑）等，自然景观有凤凰湖、柯洋峰、五台峰、白岩山、白云山、七叠温泉、黄楮林温泉、大明谷温泉、岭里水库等。这些内容承载了当地人的乡情，是独特的、不可复制的。

三、关于多元共生的思考

宋人郭熙在《林泉高致》中写到："山得水而活，水得山而媚，青山隐隐水迢迢。"有绿水，有青山，这是古人对美好生态环境的向往。陶瓷壁画长廊这个项目的创意，正是把承载地方文化历史的壁画通过艺术的呈现融入现实的山水之中，动静相济，景色一体，构造出一幅完美的田园诗意画卷。当你漫步于江岸，一侧是风景秀丽的闽江，时不时能看到翩翩起舞的白鹭，一侧是随栈道蜿蜒展开的壁画长廊，生活画卷扑面而来。只见大桥横跨闽江两岸，渔家小船点缀江面，绿水绕青山，人仿佛生活在画里。

为了实现陶瓷壁画与江岸村落景色一体化，创意团队采取了聚合多种资源，主打陶瓷文化的设计方案。创意核心就是坚持地方乡村性、在地性，不做千篇一律的人造景。创意团队通过深挖地方历史文化，推出既传统又有新意的陶瓷壁画长廊。创意是手段，多元共生是路径，最终目的是回归青山绿水，振兴乡村文化。

闽清江滨生态公园陶瓷壁画长廊落成后，已经成为地方的一张名片。壁画凝聚了乡情，寄托了乡愁，成为展示当地人文历史的窗口，于2018年一举拿下"福州十二个生态公园"专家评审第一名。这是专家组对生态公园打造陶瓷文化的肯定。依赖于最新工艺，《梅川礼乐图》壁画是目前已知世界上最长的釉下陶瓷画。在研发中，新型的薄胎陶瓷技术被福建省政府作为高新技术予以推介，其每单位散发的负氧离子数高达 12000 个，相当于森林级别，使得这项技术在未来房屋装修装饰方面将有更广大的应用前景。2018 年 1 月 22 日的《海峡都市报》和 1 月 29 日的《福建日报》分别刊文对壁画长廊进行专题报道。2018 年 7 月 28 日，中央电视台美丽乡村摄制组也到壁画前进行巡演采风。2019 年 3 月 20 日，福建新闻联播新闻启示录特别节目《春讯｜"神奇"的陶瓷》专门用 10 分钟时间介绍本项目的建设成果。

有趣的是，壁画和陶瓷都是中国传统文化的有机组成部分，各自有着应用局限性。我们可以通过技术创新，加强彼此的内在关联；通过多元共生，创造出新型产品服务于生态建设。本项目通过研发升级陶瓷产品，借力科技创新，提升产品的品质和特性，拓展产品的用途，让老产业萌发出新的增长点，给当地高耗能的工业用瓷、建筑用瓷产业注入生机，成功实现转型升级，打造高新产业。近两年，陶瓷壁画应用在乡村公共景观和大型会场幕墙设计中，真正做到为美丽乡村、乡村振兴服务。这一成果源自多元共生，推动多元共生的核心动力是科技创新，而创意设计是催化剂，艺术与科技的融合是创新手段。

结　语

由历时两年完成的《梅川礼乐图》《闽清胜迹图》《义窑千年图》《千年丝路飘梅香》四幅陶瓷长卷壁画组成的陶瓷壁画长廊，是表现当地陶瓷文化的创意工程。整个项目实施紧紧围绕国家乡村振兴战略，强调在地性、乡村美丽、生态可持续发展。政府、企业与创意团队跨界合作，以高新技术含量的陶瓷为材质，使用天然矿物颜料，采用长卷绘画形式对当地人物故事、风俗文化、生产劳作、自然景观和历史优秀建筑进行创意表现，最终实现文创落地，产业创新。一方面，文化创意为地方陶瓷产业提供了研发主题和产品类型；另一方面，科技创新为传统产业注入生机，为文化产业的发展带来了新的可能。从文化创意到科技创新，整体是个系统工程，文化是创意源泉，科技是落地途径。壁画长廊从创意到落地的实践证明，通过政府建立平台，当地产业对接创意人才，融合科技与地方文化，能很好地推动当地乡村振兴，也为地方产业与地方文化建立多元共生机制创造了条件，这与国家政策导向和当地产业转型需求相一致。

每个时代都在乡村留下了印迹，宗族聚落、建筑院落及生产习俗，经过世代积累，创造了乡村文化特色。乡村聚落景观的保护与创新，已经成为新时期文化名村名镇建设规划的重要研究课题①。闽清江滨陶瓷壁画长廊的建设为探索特色乡镇创新发展提供了可借鉴的经验。我们不仅要生态宜居，还要生活富裕。随着乡村振兴战略的推广，越来越多的地方特色产业、特色资源被挖掘，背后是地方丰厚的历史文化。乡村古镇建设必须选择在地产业，在原有地域特色中选择，着力发展当地文化产业，在发展中"多元共生"，打造产业特色和文化特色，走差异化发展、保护与利用相结合的正确发展道路。

（作者单位：福建信息职业技术学院）

---

① 任国平、刘黎明、付永虎：《都市郊区乡村聚落景观格局特征及影响因素分析》，《农业工程学报》，2016 年第 2 期。

［再生：设计视角］

问题、实践与经验：设计介入乡村振兴的思考

李　倩　李　芳

一、问题：乡村振兴的新背景

中国是传统的农业大国，乡村在中国历史上一直占据着重要位置，是中华文明的源头及根基所在。19 世纪末，伴随着西方文明带来的工业化和现代化进程，中国作为一个具有悠久历史的农业大国，遭遇了文化、经济、政治等多方面的危机，乡村急剧衰败。20 世纪初期，这一问题引起了当时文化学者、社会学者和教育学者的关注，他们主张自下而上的乡村自治，从乡村教育入手，建设乡村文化，发展农业生产，改善乡村面貌。

新中国成立后，为了不让乡村衰败，以政府为主导自上而下实施了开展土地改革、成立人民公社、实行家庭联产承包责任制等一系列的变革乡村社会生产关系的举措。但由于工业、手工业和其他副业的匮乏，仅靠农业仍不足以使乡村摆脱贫困。改革开放将国家的重心放在了城市建设上，城乡户籍政策的变革使大量的农民涌入城市，乡村成为服务于城市现代化的资源保障。在快速实现城市化的过程中，城乡结构发展不平衡、乡村劳动力流失、乡村人口老龄

化、大量乡村出现"空心化"等问题日趋显现与严重。乡村既有的传统文化、经济生态和生活方式被打破，乡村面临的不仅仅是物质上的贫穷与落后，更是精神文化层面的崩塌与瓦解。这是现今乡村衰败的新问题。党的十九大做出中国特色社会主义进入新时代的科学论断，提出了实施乡村振兴战略的重大历史任务，之后又相继制定了乡村振兴"三步走"的时间和具体目标。这在我国"三农"发展进程中具有划时代的里程碑意义。

与半个多世纪前费孝通先生提出"志在富民"的乡村建设理念不同，随着经济的增长和科技的发展，在物质丰裕的前提下，我国人民日益增长的美好生活需要和不平衡、不充分的发展之间的矛盾在乡村最为突出。现阶段的乡村振兴不等同于精准扶贫，不再是单纯解决温饱问题，而是个系统工程，涉及自然生态、区位环境、历史文化、产业集聚等诸多面向，文化是其中最具有渗透性和关键性的要素。十九大提出要推动中华优秀传统文化创造性转化、创新性发展。文化遗产是历史的见证、文明的标志，承载着一个民族的精神与灵魂。

"历史文化名村名镇"是由国家及地方政府确立的，保存文物特别丰富且具有重大历史价值或纪念意义的，能较完整地反映一定历史时期传统风貌和地方民族特色的村镇。这些历史文化名村名镇保留了更多的地域历史文化记忆，那些留存下来的传统建筑风貌、优秀建筑艺术、传统民俗民风和原始空间形态，都真实地记录和反映了我国不同地域、不同民族、不同经济社会发展阶段聚落形成和演变的历史。它们的振兴与新农村建设有共性，却面临着更为复杂的情况。在对历史文化名村名镇予以保护的责任与义务的前提下，如何实现新常态下村镇的可持续发展，是我们今天必须回答的问题。

2014 年，国家出台了一系列推动文化创意和相关产业发展的政策意见，这些政策意见的出台预示着创意设计已上升为国家战略，成为推动经济社会和文化发展的新动力。十八大以来，中共中央、国务院提出了建设美丽乡村的发展目标；十九大将实施乡村振兴战略作为开启全面建设社会主义现代化国家新征程的重要内容；2018年中央一号文件进一步制定了实施乡村振兴战略"三步走"的目标任务。一系列相关政策的相继出台，使得中国乡村振兴的重要性和乡村建设的紧迫性进一步凸显。在这样的宏观背景下，设计介入乡村振兴，既体现了正当性，也体现了必要性。

二、设计与乡村振兴的产业融合

乡村振兴的实现和可持续发展，除了政策支持，还必须有产业支撑和自身的造血功能。十九大提出乡村振兴战略的总体要求："产业兴旺、生态宜居、乡风文明、治理有效、百姓富裕。"设计与乡村振兴融合，首先是与乡村产业发展相融合，促进产业兴旺。

（一）与农业的融合

党的十九大报告在提出实施乡村振兴战略的同时，强调坚持农业农村优先发展。2018 年中央一号文件对坚持农业农村优先发展提出了原则要求，2019 年中央一号文件进一步做出了系统全面部署，硬化、实化了坚持农业农村优先发展的政策安排。作为传统农业大国，中国在战国、秦汉之际已逐渐形成一套以精耕细作为特点的传统农业技术。然而在随后的发展过程中，农业的生产工具和生产技术尽管有很大的改进和提高，但就其主要特征而言，并没有实质性的改变。将设计与传统农业相融合，借助设计思维逻辑，对传统农业进行艺术化改造后，发挥创意，创新构思，有效地将科技和人文要素融入农业生产，进一步拓展农业功能，整合资源，拉长产业链，利用农业的生产、生活、生态资源，农业势必呈现出新的业态。

越后妻有位于日本新潟县南部，西临日本海，受地域气候的影响，这里一年中有一半时间都被大雪覆盖，是日本少有的多雪地带。自 4000 年前绳文时代便开始孕育着文明的越后妻有曾经是日本"鱼米之乡"的代名词，"越光米"和"吟酿清酒"是日本的名牌产品。但是随着日本城市化进程的推进、经济的转型，过去引以为傲的农业再也无法承载年轻人的梦想，年轻人的生活重心逐渐向城市转移。乡村凋敝、人口流失、老龄化严重成为越后妻有典型的地区特征。出生于新潟县的日本当代艺术策展人北川富朗希望用艺术重振越后妻有："我想让那些一户户人家逐渐消失的村落中的老爷爷和老奶奶有开心的回忆，即使只是短期间也好。这就是我的初衷。"他认为，比起修缮乡村设施、建造大型商业场所等方式，艺术是唯一能够尊重当地文化的活化手段。他策划的大地艺术节制定了梯田认养制度，认养人加入松代梯田银行，可以出资支持梯田农作，也可以亲自投入耕作。梯田的日常管理由当地的农家负责，每年秋天收割的稻米依照认养面积分配。这一制度吸引了很多想要回归乡村的都市人，以及喜爱越光米的人。还有一种尝试是设立"故乡税"，即从居民所得税中扣除一部分，捐给想以越后妻有为第二故乡的人，促使都市民间力量投入乡村，让农耕得以延续。2000 年至今，越后妻有运用艺术节带来的艺术大师们的设计，开始创造属于这片土地的新特产。因为大地艺术节，新潟县每年可创造出大约 50 亿日元的经济效益。当地农人和艺术家一起，让这个曾经是农田废耕、房屋闲置、破败潦倒的小乡村重获新生。如今，越后妻有的地方特产销售已经形成产业链，销售区域不限于本县内，同时建立了销售网络，新市场逐渐萌芽，"越后妻有"品牌也在这个过程中逐渐形成。

（二）与传统手工业相融合

中国传统的乡村，许多是工农相生的。中国的农民在农忙时务农，农闲的时间里，许多农民还是手艺人。传统手工业及其所生产的器物是我国乡村文化的重要载体和表现形式。将传统手工业与现代设计相融合，保护当地具有本土特色的文化资源，实现传统手工业向现代工业转化，本质上是对中国传统手工业中所蕴含的文化从"文化元素"到"设计符号"再到"文化精神"的升华，是一个渐次抽象、渐次深入再到渐次提炼的过程，是促进乡村文化与经济融合发展的重要途径。

羌绣作为羌族最古老的一种传统手工刺绣，起源于羌族服饰，是羌族独特民族文化的载体，也是羌族文化遗产的重要内容。2008年"5·12"汶川大地震后，为抢救和传承羌族文化，政府、企业、民间等多方力量纷纷介入，为羌绣的多样化传承发展开辟了新的模式。将传统与时尚相结合，由服装设计师与羌绣传承人合作的羌绣礼服《大山之托》，以羌族元素为素材，结合服装结构上的立体分支造型设计，让中国传统手艺亮相法国 2015 秋冬巴黎高级定制时装周的舞台。2018 年秋的上海"设计之都"活动周上，一件直径10 米的装置作品中，羌绣与蜡染、百鸟衣、蓝印花布共同还原了中国染坊中布条垂挂的宏大场景，展现了传统文化之美。羌绣与世界著名化妆艺术大师植村秀合作，以羌绣元素组合成分别寓意着"source of life 生命之源（不息）"和"external youth 青春不朽（生发）"的图案，并运用到植村秀品牌下两款明星卸妆水产品上；五月天乐队主唱阿信和艺术家设计师不二良将"生发"和"不息"两组羌绣图案融入了服装设计的元素中;与牛仔裤品牌 Lee 合作的羌绣牛仔裤;与星巴克合作的印有羌绣图样的星享卡;与苹果公司和微信一起做的羌绣耳机和限量版鞋子等。羌绣通过跨界组合与自主设计,使在地文化与现代设计相结合,将古老的羌绣技艺依托产品设计,在新的时代条件下焕发出别样生机。

(三) 与服务业相融合

良好的生态环境是我国乡村的最大优势和宝贵财富。实施乡村振兴战略,推进乡村绿色发展,要优化生态振兴这个支撑。以乡村生态资源为依托,借助设计思维,将景观设计、产品设计、服务设计等设计活动与体验经济相整合,以别具地方特色的乡村旅游业及其他相关产业,带动乡村经济的创新发展。

嵩口是福建省福州市永泰县西南大山深处的一座古镇,其历史可以追溯至宋代以前。大樟溪三面环绕形成天然的码头,嵩口镇曾是大樟溪上下游等地往来物资的集散地。物资经由嵩口码头渡口运至全省,甚至远达东南亚和印度洋。商贾云集、千帆竞渡、人流如织,百年间一度辉煌。新中国成立后,随着高速路网的日益完善,航运这种传统却低效的运输模式逐渐被公路运输取代。嵩口这个用上千年时间积淀而成的古镇,在短短几十年的时间内便迅速没落下来,成为一座地理位置偏远、经济欠发达的南方山区小镇。

千年古渡繁华的过往赋予嵩口厚重且独特的文化积淀。2008年,嵩口被评为"中国历史文化名镇",有了招牌就有了资本。尽管当时许多当地人不明白这个称号的价值,但县领导却开始思考如何振兴嵩口的问题。镇政府采取传承民族文化与吸收外来文化相结合的途径,2014年与台湾"打开联合"团队联合,确立了嵩口

"慢慢走""37℃"的振兴模式。在尊重历史、尊重生活、尊重当地文化的前提下，政府牵头一系列试点工程改造项目，百姓自发跟随。

几年间，拆掉围墙变身古镇改造展示场所的嵩口镇政府，影院和庙宇的结合再造人神同乐空间的电影庙，鹤形路的多种还原与尝试，重新联结人、水关系的古码头渡口和古榕广场，保存再利用的米粉街公厕，联结过去、现在和未来的打开嵩口文创概念店，让古镇"松口气"的松口气客栈等一系列试点改造项目的实施与落成，吸引了不少返乡青年在地创业，开辟了古镇新旧融合的新景象，创造了人与自然、人与地方、人与人的新的记忆点。

三、总结与经验：设计介入乡村振兴的基本立场和方法

设计介入乡村振兴是在保护传统乡俗的基础上，活化乡村文化生态，创造出有创新性质的生产方式。在这个实践中，设计师团队可视为"编剧"，但"剧本"的修改和校对则是由乡民和设计师团队共同担当的。最终的"演出"则是由设计师团队和乡民一起来做一件有意义的事情，在建设与振兴乡村的过程中获得满足的喜悦，为乡村寻找到值得留恋的新的记忆点，并在不断改进的良性循环中提升美感，让乡村振兴成为有实质内容的新文化和生活方式，并由此获得社会对于乡村振兴文化的认同与参与。

乡村振兴不是一两年就可以完成的，也不是靠政府单方面的力量就能达成的，更不是靠策划几场艺术展览、建造几个在地美术馆、兴办几场艺术节就能实现的。设计，作为一种可以综合各种资源的创造力量，可以通过多维思考形成创造力、创新驱动力及生产力，在生产过程中通过对产业结构的调整和优化，从而改变经济增

长方式。

　　设计介入乡村，要在中国乡村最常见的新旧杂糅状态中找到共生的可能，就要在以乡村为主体，在尊重历史、尊重生活、尊重当地文化的前提下，合理协调发展设计、文化与产业三者的关系。设计的先锋力量为我们提供了一种新的视觉空间和对于生活方式的新思考。用设计的思维、艺术的表达返回历史的本源，为传统而设计，为产业而设计，为幸福感而设计，是设计介入乡村振兴的意义所在。

　　（作者单位：李倩　福建社会科学院；李芳　河南工业大学设计艺术学院）

浅议如何设计传统村落的"非遗"文化旅游

沈惠娜

文化是旅游的灵魂，旅游是文化的载体。在旅游业转型发展的新阶段，景点本身已不是旅游唯一的卖点。人们在精神层面的深度需求使得文化旅游成为出游的主要内容之一。坚持文旅融合不仅关系到文化和旅游产业的发展水平，也关系到区域经济的发展前景。

我国诸多传统村落中留存着大量的非物质文化遗产。将"非遗"文化与旅游产品深度融合，不仅能激发当地百姓传承发扬民族文化的积极性，也能让游客体验到当地"非遗"文化的魅力。

那么，如何通过旅游展示传统村落的"非遗"文化？

一、创造"非遗"文化旅游的整体指导思维

"非遗"文化博大精深，因此，我们在设计"非遗"旅游项目时不能简单理解为只是去旅游点看某种工艺。"非遗"旅游的设计需要有立体思维，即要能从多角度、多层次（点—线—面—体—场）着手，以下分别阐述：

"点"是指旅游景点。"非遗"的概念非常广泛，它是指各族人民世代相承的、传统的各种文化表现形式，如民俗活动、表演艺

术、传统知识和技能，以及与之相关的器具、实物、手工制品等。很多历史悠久的传统村落不乏民间长期口耳相传的诗歌、神话、史诗、相声、叫卖词、故事、传说、谣谚；传统的音乐、舞蹈、戏剧、曲艺、杂技、木偶、皮影等民间表演艺术；具有历史特色的民间小吃；广大民众世代传承的人生礼仪、节日庆典，赛龙舟、舞狮等民间体育和竞技等文化①。每个旅游景点都要有自身特色，着重参与、体验，见人见物见生活，着重体验活态化是"非遗"文化旅游的主题思想。

"线"是指旅游路线。"旅游线路是指为了使旅游者能够以最短的时间获得最大的观赏效果，由旅游经营部门利用交通线串联若干旅游点或旅游城市（镇）所形成的具有一定特色的合理走向。"②一条旅游路线包含多个景点，要根据线路主题精心搭配景点，同时提供多种设计，以便游客按照经济条件、时间长短、兴趣爱好等内容筛选。

"面"是指旅游路线打包后的整体宣传。如同一个平面由线组成一样，这些路线应该进行整体归类打包，形成"面"的协调感。也就是说，"面"的思维角度要求能够统合路线、景点，提炼宣传关键词，提炼卖点，对各个区域有较高知名度的非物质文化遗产做一个全面的考量，将民间传说与旅游点紧密结合，对旅游路线按历史或文化的脉络整合，不断扩大旅游产业链条辐射面，打造具有传统文化含量的旅游精品路线等。

"体"是指将物质文化遗产和非物质文化遗产相结合，从整体

---

① 《自然文化遗产》，百度百科，https://baike. baidu. com/item/自然文化遗产/9734260.

② 程丽静：《旅游强省建设的路径选择：以辽宁为例》，东北财经大学硕士学位论文，2010 年。

上开发旅游文化产品。我国非物质文化遗产蕴藏丰厚、异彩纷呈，开发时要从整体保护的角度去观察和分析各项非物质文化遗产的本身特质，包括它们的保存状况、保存形式和保存脉络，确定其是否适合旅游开发；如果决定开发，必须通过"博览会＋研讨会"的形式不断摸索，慎重敲定开发的形式和深度，最大程度上平衡物质文化遗产和非物质文化遗产的保护与弘扬，使之产生整体效应。

"场"是指把自然遗产和文化遗产打通，利用艺术、宗教、历史、文学等造成一个环境场域。目前，我国对"非遗"文化旅游最常见的做法就是以旅游商业开发为核心，利用非物质文化遗产的号召力，把自然风光的游览、休闲娱乐购物与之打包，形式过于简单，民族文化的艺术含量基本体现不出来。只有以"场域思维"去看待旅游设计，才能将文化、健康、金融、公益等多个板块有机结合起来，形成一个"非遗"文化与自然环境相互结合的旅游系统。

以前，"上车睡觉，下车尿尿"是人们对旅游的戏谑说法。要让游客从浅层次的"到此一游"转而达到深度的文化体验，旅游项目的系统设计非常重要。设计旅游项目时，我们要像把握一个几何体一样，从点、线、面、体、场多角度去观察、考虑，这样才能真正从系统思维、内容挖掘、项目运营等环节上做到深度结合，才能不负"诗和远方"。

二、打造"非遗"文化旅游的亮点

任何旅游项目的设计，都需要找到亮点。亮点是使某一项目区别于其他项目的重要因素，也是文化旅游的精华所在。以下阐述几种可能成为旅游项目亮点的元素：

（一）实物性

应该将一些具有历史意义的物件加以收集、保存，要能让人看到实物，因为实物给人带来的冲击力远胜于凭空描述。目前，政府已有意识地从民间搜集一些"非遗"物件，并在此基础上建立博物馆。博物馆已成为各地文化旅游中实物展览的必备景点，然而多数博物馆在展示形式上仍以固态的静物展示为主，这种形式只适合手工艺类"非遗"，并不能够充分展示出其他类别"非遗"的特色。因此，提高博物馆展示内容的丰富性和展示方式的多样化，突出"非遗"的"活态性"特征，凸显实物价值，是打造旅游项目亮点的重要举措。

其一，创新博物馆展览方式。传统博物馆擅长对具有固定历史坐标的物质遗产的保护，因此，如何体现非物质文化遗产的活态流变性已成为目前非物质文化遗产博物馆面临的最大挑战。"博物馆展示以固态的静物展示为主，适于手工艺类非遗，非物质文化遗产的'活态性'为重要特点，静态展示并不能够充分展示出非遗的吸引力。应该打破静态展示的陈规，以现场展示、过程展示、前馆后厂等方式全方位展示非物质文化遗产，让游客能够看到制作过程，增强体验性。如苏州工艺美术博物馆与苏州制扇厂就是采取前馆后厂的方式，展馆内有女工进行扇子的拉花等工艺，吸引游客驻足观看。"[1]

其二，开发个性化、主题化的小型博物馆。"首先，小型博物馆可以布局于社区或村落中，布局的局限性小，空间利用性强。与乡村旅游、社区旅游、古村落旅游等线路的结合十分自由。其次，

---

① 张希月：《非物质文化遗产的旅游开发模式与优化策略》，《人民论坛》，2016 年第 11 期。

小型博物馆亦可承担多种文化传播的功能。"①

其三，建立数字博物馆。通过对需要保护的"非遗"项目进行录像、录音、拍照等工作，将其工艺、作品等进行数字化存储，并通过数字化手段、多媒体技术展示出来。我国早在 2015 年就经由国务院印发《关于积极推进"互联网 +"行动的指导意见》。博物馆在实物的呈现手法上，当然也可以运用互联网，运用虚拟技术建造数字博物馆，通过数字化技术对濒危的"非遗"项目进行创新性保护，这样也可与传统博物馆的实物展览相结合，进行多维展示。

其四，尊重实物原貌，客观呈现。前面三点提到的措施均与凸显"非遗"的活态性和流变性等特点有关。但是，我们也要注意对非物质文化遗产进行过度解读的主观再现现象，即以研究性视角代替其原貌形态。在这点上，"美国印第安国家博物馆采取的对客观真实和主观再现加以明确区分的形式可以借鉴，即在展览说明中，一种是对印第安部落对其传统习俗的解释，另一种则是博物馆研究人员从文化人类学视角的看法。这样明确的区分，既呈现了印第安民族文化的原貌，又发挥了博物馆研究和教育的功能"②。

（二）故事性

传统村落大多在民国以前建村，其建筑环境、建筑风貌、村落选址至今未有大的变动，具有独特的民俗风格，虽年代久远，却仍在为人们服务③。传统村落的建筑物有着端庄的外表，装饰着优雅

① 张希月：《非物质文化遗产的旅游开发模式与优化策略》，《人民论坛》，2016 年第 11 期。
② 中国艺术人类学学会、内蒙古大学艺术学院编：《非物质文化遗产传承与艺术人类学研究（上册）》，北京：学苑出版社，2013 年，第 203 页。
③ 王玥：《黄河流域陕西段古村落文化的保护与发展》，西安建筑科技大学硕士学位论文，2016 年。

精致的木雕花格窗户，以及雕镂精细的木、石、砖等各种浮雕，并
有非常美丽的彩绘。即使如此，也只能形成视觉上的一时刺激，或
许能入耳、入眼，却难以入脑、入心。我们只有将遗址、遗迹、古
建筑、文物等与故事联系起来，才能在传播上真正形成亮点，因为
吸引人的不仅是东西，还有关于东西的故事。以下举三例加以
说明：

例一，福建武夷山五夫镇朱熹故居紫阳楼遗址于 1992 年 12 月
22 日经武夷山市人民政府批准，列为第四批市级重点文物保护单
位。房屋厅内悬挂着一块"不远复"的牌匾，这块牌匾的材质和字
体并无特殊之处，却是笔者调研紫阳楼后印象最为深刻的。原因不
在于牌匾本身，而在于牌匾背后的故事。此牌匾的来历是：朱熹 14
岁那年，父亲朱松不幸病逝，朱熹母子被托付给武夷山五夫里的友
人刘子羽。刘子羽的弟弟刘子翚是宋代理学家，朱熹是他的学生。
绍兴十七年（1147），刘子翚临终前赠朱熹"不远复"三字，以此
告诫朱熹要自律自省。朱熹一生以此为座右铭，时刻提醒自己修身
养性。这个故事使得紫阳楼格外有文化气息，容易让人产生共鸣。

例二，岳阳楼位于湖南省岳阳市古城西门城墙之上，1988 年 1
月被国务院确定为全国重点文物保护单位，与湖北武汉黄鹤楼、江
西南昌滕王阁并称为"江南三大名楼"。岳阳楼虽是三大名楼中唯
一保持原貌的古建筑，可是这个景点如果让人看的仅仅是其建筑特
色，不免单一乏味，很快就能看完。岳阳楼的很大一部分魅力来自
《岳阳楼记》。《岳阳楼记》是北宋文学家范仲淹应好友巴陵郡太守
滕子京之请，于北宋庆历六年（1046）九月十五日为重修岳阳楼而
写的。文章通过对洞庭湖的侧面描写衬托岳阳楼。滕子京是被诬陷
擅自动用官钱而被贬的，范仲淹借为重修岳阳楼作记之机，含蓄规
劝他要"不以物喜，不以己悲"，试图以自己"先天下之忧而忧，

后天下之乐而乐"的济世情怀和乐观精神感染老友。全文超越了单纯写山、观水、看楼的狭境，将自然界的晦明变化、风雨阴晴和人生在世的胸怀、追求结合起来写，大气磅礴。借此文章再品岳阳楼，大大提升了岳阳楼的看点。

例三，德国法兰克福火车站附近的一堵断墙，是市中心"二战"后唯一还"站"着的真正的古建筑。从市容景观上看，断墙和周围的建筑非常不协调，毫无美感、设计感可言，可是德国政府至今仍保留着它，因为它的价值不在于墙体本身，而在于它身上的故事。法兰克福曾经是德国纳粹党部所在地，也是希特勒发迹的地方。在"二战"后期，这座城市曾负隅顽抗。盟军33次大轰炸摧毁了法兰克福80%的建筑，使这座千年古城变为一片废墟。这个故事使得一堵残破的断墙成为一个著名景点，任凭岁月流逝，它都在无声地向世人诉说这座城市所受到的历史的惩罚。

综上，讲故事能让静态的实物展示活力，能让死气沉沉的遗迹鲜活生动。用丰富、感人、生动的故事解读、阐述"非遗"产品、遗迹、遗址，甚至用故事关联古村落中的其他建筑，足以形成一大亮点。

（三）传承性

传统村落文化具有不可再生性，因而，对传统村落文化的保护应坚守保护为主、合理利用的原则，不仅要重视村落物质文化遗产的保护，更要对非物质文化遗产施加保护。古村落文化遗产的保护问题与文化传承息息相关。关于传统文化传承，有人认为需要保持原汁原味，有人则认为应该融入流行元素。其实，这两种说法都太片面。对于不同类型的传统文化，我们应该选用适合其发展的方式来传承，也就是说，传统文化的传承应该采取多样化的手段，特别值得注意的是，在传承中要重视仪式的作用。

中国的传统文化包括思想观念、思维方式、价值取向、道德情操、生活方式、礼仪制度、风俗习惯、宗教信仰、文学艺术、教育科技等诸多层面的丰富内容，而这些内容皆可与适当的仪式相结合，通过不断重复的仪式形成仪式感。生活中的仪式感，是指在日复一日循环的日子中，让某一天、某一个时刻，变得和其他的日子不一样。同样地，"非遗"文化传承的仪式感就是通过仪式让人们或熟悉或陌生的历史悠久的"非遗"文化变得隆重而特别。强化仪式感有助于人们加深对某一"非遗"文化的印象，扩大传承的影响面。比如每年的黄帝陵祭典、祭孔大典就是文化传承仪式，这种固定化的仪式每年吸引着很多人前往。参与者们身心投入，借助庄重、规范的礼仪流程，了解祭祀之真谛，让内心得到净化、洗礼。通过仪式流程，人们寄托文化信仰，表达了对黄帝、孔子的敬仰，深刻体会和传承了某种道德价值，增强民族文化自信。

（四）公共性

非物质文化遗产具有公共性特征。从整体性保护以非物质文化遗产为核心的特定文化形态角度出发，我国政府提出了建立文化生态保护区的新举措，文化生态保护区基于公共目的和公共利益建设，由政府主导，利用公共资源，强调民众参与和民众共享建设成果，文化生态保护区此种依靠"民"、致力于让"民"受益的建设思路，是其公共性的根本体现①。

同样，"非遗"旅游在打造过程中也可沿用此种思路，即用公共艺术推动城乡更新和文化重塑。公共艺术的意义和价值在于回归

---

① 赵艳喜：《文化生态保护区的公共性及其发展方向》，《文化遗产》，2018 年第 4 期。

民众，提升和改变人们的生活环境品质，它的核心动能是促进地域文化重塑和城乡建设更新，用艺术的方式最终影响民众的文化认知、美学素养甚至日常行为。公共艺术以提出问题为创作目标，以解决问题为最终导向，其创作出发点立足于民，其创作目的也在于惠及人民。

我们在设计传统村落"非遗"旅游项目时应该重视公共艺术的作用，理由如下：

首先，公共艺术能美化空间。比如，新加坡樟宜机场的《雨之舞》由德国设计公司创作，它用数控的方式将几千个雨珠控制在一起，并辅以音乐渲染。当人们在机场候机时，这些雨珠会随着音乐翩翩起舞，当整齐而动感的雨滴映入眼帘，旅客等待的急躁感便悄然而逝。又如我国台湾出现的很多彩绘村，是依靠本地居民自发地对乡村进行艺术改造的结果。这些艺术改造最常见的形式是涂鸦——把乡村的墙面、地面全部涂上色彩鲜艳的图画，如彩虹、卡通肖像、吉祥年画，甚至只是放大的艺术字体等。虽然画作本身没有章法，作品相对质朴，但是深受人们的喜爱。原本普通的乡村，在这种低成本、高成效的艺术加工之下，变成了如童话世界般的绚丽村庄，吸引了大量游客前来拍照、猎奇。

其次，公共艺术能成为地标景观。我国众多传统村落现有的地标性建筑多半是当地的历史文化名人雕塑，高度雷同。其实，地标景观可以有多种类型，除了当地的自然景色造型和人文遗迹造型以外，还可以有艺术造型。比如美国西雅图有个雕塑作品《锤工》，指代着世界上所有工作者的辛勤劳动，艺术家把锤工的械臂做成一个机械装置，每40分钟它会敲打一次，让来往路过的人们知道，正是无数劳动人民在这里不停挥打着锤子，才造就了今天的城市，这尊雕塑作品就是西雅图的著名地标。

　　再次，公共艺术有教育或纪念意义。智利圣地亚哥纪念和人权博物馆的艺术装置《几何的意识》旨在纪念在皮诺切特长达 17 年的军事独裁统治中的受害者（在世或去世），每次仅限 10 人参观，浏览大约需要 3 分钟。游客拾级而下 33 个台阶，来到一片黑暗之中。在黑暗的一分钟后，500 个代表独裁受害者的影子缓缓地被照亮在一面墙上，同时无限地投射在两面相对的侧墙上。当灯光达到最大强度时，影像被关掉，观众陷入黑暗，强烈的后像将留在参观者的视网膜上，达到纪念逝者、珍惜和平的教育目的①。这种做法值得我们借鉴，尤其是在一些有历史故事性的遗址、遗迹上，不要总是做静态的保护，也可以适当设计成动态的相关艺术，从而强化、放大某个细节。

　　最后，公共艺术可以推进废弃地改造。如何将一些遗存的设备循环再利用，将它们变成人文景观和生活设施，需要运用艺术的智慧。传统村落里一些被摒弃的旧的生活方式，如浣衣、打水、茅厕、降温纳凉等遗留下来的旧物件甚至垃圾处理中转点都可以成为改造的对象，用艺术改造公共生活方式，同时保留原有的一些记忆，亦可成为和游客的互动体验。

　　总之，乡村公共景观是乡村文化的一种很好的表达方式，通过碎片化、艺术化、节点化的表达勾起人们的文化记忆。在感受乡村生活和乡村文化的过程中，人们再次对村落形成一种认同感和归属感。乡村公共景观既展现了新时代的全新需求，又为传统村落建设的可持续发展提供了空间。当然，这也极其考验管理者驾驭社会资源，形成村落亮点的能力。

---

　　① 《公共艺术，可以让城市"长"得不一样》，中国文化传媒网，http://www.ccdy.cn/guancha/201712/t20171218_1367417.htm. 2017 年 12 月 18 日。

三、当前传统村落"非遗"文化在展示上的不足与建议

乡土传统文化具有传统村落独有的地方感和鲜明的文化特色，承载着古老的历史记忆，传承着丰富的文化脉络，挖掘其中的"非遗"文化元素并形成旅游经济，在某种意义上能够助力传统村落扩大影响力，增加当地居民收入。但是，乡村旅游在近些年备受诟病的诸多问题，在传统村落的开发中或多或少也存在，以下结合上文提及的"非遗"旅游的亮点，谈谈传统村落目前在这几个方面的打造上存在的问题，以及相应的解决对策。

（一）实物展示要注重活态化、原生性及衍生品开发

目前很多地区在古村落的开发和保护上，都开始注重对老物件的收集和保存，之后大多移送博物馆进行展示。这个过程存在三个问题：第一，博物馆的展示形式太过单一，基本以静态为主，缺乏活力。"非遗"文化展示需要体现其活态性，传统的展示形式不足以呈现"非遗"文化技术的内涵，建议建立小型博物馆、数字博物馆。第二，博物馆并非所有实物的最佳归宿。传统村落的实物展示尤其要注重物件的原生性，有些物件只适合在原地保存，并不适合挪位。比如，影星成龙曾欲把几栋徽派建筑捐献给新加坡，就引发了很大的争议。抛开其他原因不谈，单就中体西移来说，"非遗"建筑离开相应的环境，它的美就基本无法展现出来。第三，缺乏基于实物样本的衍生品开发。很多老物件具有不可复制性，却可以提炼、借鉴老物件的某些元素，或结合现代生活，或结合故事，设计成文创产品。在这方面，我们做得不够，大有发展空间。

（二）讲好"非遗"故事，需要创新表达

目前，传统村落的诸多"非遗"景点、物件、技艺等缺乏故事包装，已有的部分故事也多为一些古诗词、传说等。如何讲故事？如何用故事包装"非遗"？这需要创新性的表达，对"非遗"故事的创作者、传播者皆有一定的要求。"非遗"作为一种文化形态，需要与时俱进，要能动地、创造性地融入当代生活，才能成为当代文化的重要组成部分。因此，我们一方面需要加强相关人才的培养，深入生产、生活实践，形成正确的"非遗"观和"非遗"保护理念；另一方面要集思广益，讲故事不拘泥于传统素材，不局限于传统表达，可以尝试借助媒体、网络搜集优秀故事素材，也可通过举办"讲好"非遗"故事大赛""'非遗'故事创作比赛"等活动选拔人才，提炼出适合"非遗"核心内涵传播的主题，让游客通过故事加深对"非遗"文化的理解。即使是传统村落里的民宿，亦可通过一些情感故事、生活故事加以包装，打造成有故事的、吸引人的民宿地。

（三）传承与发展两手抓，建构仪式精益求精

"非遗"这一提法自 2003 年以来，从鲜为人知到广为人知，从冷到热，反映了我国文化保护与传承的总体态势。十九大之后，关于"非遗"传承问题的研究多聚焦在"文化自信""让文化活起来""创造性转化与创新性发展"等方面。全社会对"非遗"有了较高的认知，国家为此还设立保护项目和"非遗"传承人，这些都是值得肯定的成绩。但是，我们目前还是无法把所有的"非遗"项目和传承人都保护起来。"非遗"的传承说到底还是需要全社会力量的参与，需要通过多种形式让"非遗"融入社会、融入生活、融入时代。关于这一点，上文提及依赖建构仪式的力量，吸引民众参

与，从而最大程度地普及、弘扬"非遗"文化。然而这方面我们做得并不好，全国诸多传统村落中尚缺乏有强仪式感的传承活动。要改变此状况，一方面，"非遗"的弘扬需要专业的传承人给大众做正确的示范和教授。目前，随着市场经济的发展，相当一部分传承人已经让"非遗"项目彻底变成商品的招牌，变成赚钱的工具，使其彻底丧失了自身的文化属性，甚至变得劣质、恶俗。这种趋势一定要警惕，要遏制。我们建议推行传承人淘汰机制，还"非遗"文化以本原，亦可借助媒体发挥积极的舆论导向作用，树立优秀传承人的榜样和典型。另一方面，"非遗"的弘扬需要在"非遗"项目的表现方式上进行适当地创新，比如邀请游客参与其中，让游客作为"非遗"项目参与者来完成作品，增强趣味性和参与度等。此外，"非遗"传承人在重视技艺传授与发展的同时，对相关史料的挖掘整理及相关理论的探析研究也要跟上。只有真正的"非遗"精品才能被人们接受，才能通过不断的宣传，形成仪式感。

（四）"非遗"公共性作用的发挥需要人才和相关政策支持

"非遗"文化具有公共性，要发挥上文提及的公共艺术设计带来的诸多利好，需要大量人才的支持。目前，我国缺乏这方面的人才，基本上依靠一些志愿者及部分艺术家进行公共艺术设计。针对这一现状，我们建议国家出台相关政策，引导各院校加强对"非遗"设计人才、空间管理人才、环境艺术人才等的培养。各院校艺术专业人才与传统村落之间也要加强交流、合作，成立实地考察队和教研队，让学子们的创意和传统村落的居民们直接对接、碰撞，在实践中检验高校人才培养质量，在实地沟通中创作真正让人们喜闻乐见的公共艺术作品。

"非遗"公共项目建设的另一个问题是在经济和社会利益的驱

动下，传统村落旅游开发带来管理者、经营者、使用者、所有者等各方利益主体间的博弈和矛盾，大大影响了公共建设的实施、推进。要妥善解决这个难题，共生模式可供参考。"共生模式是指共生单元相互作用的方式或相互结合的形式，它既反映共生单元之间作用的方式，也反映作用的强度。任何完整的共生关系都是行为方式和共生程度的具体结合，也可以说是反映共生单元某种程度共生的具体结合。"① 也就是说，我们要找到各自利益的结合点，让其一体化共生，这是古村落旅游利益相关者的理想组织模式。然而，这种模式的生成需要多方共同努力。国家有必要出台相关的政策法规，通过设立"非遗"文化旅游专项国家基金，让更多人了解、参与"非遗"文化旅游；设立"非遗"文化旅游专委会，打造一个"海纳百川"的平台，让"非遗"传承人展示才华，激励年轻一代共同完成这项事业。传统村落村委会要积极开展对村民的培训和宣传工作，让居民更有主人翁意识，更能积极承担义务。旅游开发公司除了要引入艺术家团队以外，还要广泛征求村民的合理性意见和建议，甚至让有能力的村民参与设计、管理，这样既能增加村民就业率，又有助于外来开发者和居民的深度融合。

四、小结

近年来，我国传统村落锐减近 92 万个，并正以每天 1.6 个的速度持续递减。多位专家呼吁，要以最快的速度为传统村落建立档案，盘清和抢救传统村落的家底，并出台一部专门保护传统村落的

---

① 《共生理论》，百度文库，https://wenku.baidu.com/view/726275a91a37f111f1855b1b.html.

法律法规①。所以，传统村落的开发当以保护为第一原则。当然，保护并不是指把传统村落封存起来，而是要在发展中保护，在开发中保护，在传承中保护。2019 年 5 月举办的中国古村镇大会上，"文旅融合""保护与活化""乡村振兴与县域发展"是大会讨论的三大专题。如何通过旅游展示传统村落的"非遗"文化，进而实现保护与活化、促进乡村振兴这类问题，本文所提及的打造村落文化旅游的多层级思路，塑造文化旅游亮点的想法，以及对目前出现的问题的浅析与建议，或可对这方面的探讨有所帮助。

（作者单位：福建师范大学协和学院）

---

① 《中国古村落濒危：15 年锐减近 92 万个，金融资本如何助力"文化之根"?》，http://www.sohu.com/a/252825501_439726,2018 年 9 月 9 日。

创意文案

文化创意活化古镇开发

——文化旅游背景下的乡村古镇复兴

朱晓梅

　　古镇作为反映一代又一代居民生存状态、创造能力，以及人与环境关系的物质载体，虽历经时代的变迁，但或多或少都留存着各个历史阶段的文化痕迹。与主要着眼于当地资源的一般旅游有所不同，古镇文化旅游可以不拘泥于资源本身的束缚，利用环境、市场、社会背景等多方面因素，进行综合开发。在这里，我们强调从"观""感""触"等不同的层面入手，用文化创意的方式对古镇文化进行凝练活化，从而满足旅游者多方面的需求。

一、"观"：为旅游者提供直观生动的视觉冲击

　　"观"，是视觉化呈现的层面，如古镇的建筑、景观、环境、园艺等，以及记录和展示古镇历史与人文的博物馆、纪念馆、美术馆、艺术馆等，都可以归属于这个层面。不需要过多的文字或语言诠释，古镇本身就有直观的视觉冲击力，能让旅游者在第一时间获得视觉上的满足。但对此我们不能抱以过高的期望，因为特色凸显、差异性巨大、能让旅游者叹为观止的古镇风貌毕竟只是少数。

因此，我们需要将存在于古镇中的那些文化记忆加以强调，对其进行活态化的保护和呈现，尤其要借助科技手段，将识别性强的景观建筑等静态的、实体的特征，以数字化的形式进行多方位展示。如通过 AR 增强现实、VR 虚拟现实、MR 混合现实等技术的运用，浓缩历史、再现场景、逆转时空，让旅游者能够"身临其境"，仿佛身处历史场景，实现时空穿越。如此动与静结合、虚与实交织、直观生动的场景再现，既是对古镇文化的保护性传承，也是活态展示古镇文化特色的有效手段和途径。

二、"感"：引发旅游者主动思索和自我感知

在城市快节奏、高压力的环境下，都市人群回归自然、慢节奏生活的诉求日趋强烈，文化旅游也从卖"资源"转向卖"情怀"，古镇乡村旅游成为寄托山水情怀的最佳选择。参观古镇乡村原始的建筑风格、古朴的乡村作坊、原生态的生活方式；倾听古镇文化旅游过程中讲解员的解说、当地人的介绍；品尝沿途土生土长的特产、农副产品；体验前往古镇交通的便利度、居住古镇的舒适度等，所有这些都能直接引发旅游者的切身感受。如果说，在"观"的层面满足的是旅游者的好奇心的话，那么"感"的层面则满足了旅游者怀旧、回归自然的精神诉求。

在这一层面，我们强调从顶层设计的角度，用文化创意活化打造古镇整体的"区域品牌"，以系列化呈现、一体化建设的方式，激发旅游者的主动感知力，通过切实的、生动可感的体验活动，引发旅游者对古镇旅游的行为参与、思维参与和情感参与，从而加深对乡村古镇的自我认知和情感认同。

三、"触"：让旅游者深度参与和积极体验

古镇乡村旅游除了具备传统旅游项目的共性外，还有很大程度的参与性，其本质在于旅游者的体验。随着旅游产品的不断完善和多元化，旅游者在物质上的收获已然颇丰，进而更注重精神上的消费，探索异地风土人情，追求个性化服务。"触"，关注的正是旅游者的"体验感"，它在一定程度上包含"观"和"感"的层面，换句话说，它是在"观"和"感"的基础上有了进一步提升，是旅游者直接的和深度体验的过程，有着强烈的参与感。

在这一层面，我们强调的是旅游者与当地的充分融入，活化旅游者的身份，使之成为"生产型消费者"。所谓的"生产型消费者"是生产者和消费者的合成，消费者不再纯粹处于被动接受的地位，而转变为"共同创造者"。以此概念为基础，古镇的开发将视旅游者为生产型消费者，更倾向于将他们"活化"为古镇复兴的主角，让他们以主动融入的姿态和沉浸式的方式深度体验当地的文化。

（一）文化旅游节庆活动能够带给旅游者强烈的融入感

文化旅游节庆活动是根据古镇自身所拥有的民俗等特色资源，经过精心策划的、带有浓郁地方特色的活动，是一种惯常的娱乐活动形式，主要目的是塑造古镇形象，使其成为古镇名片，吸引旅游者进一步融入其中。

古镇文化旅游节庆活动的开发需要文化创意的活化。首先体现在传统与现代的结合上，在保持民间文化和民俗风情的基础之上对节庆活动内容进行精选深挖，用文化创意对传统文化形式进行全新

的包装，使古镇文化旅游节庆成为活态文化重要而鲜活的呈现载体。

（二）演出演艺活动能够提升旅游者的文化体验感

旅游者的旅游过程是体验和感悟文化差异的过程。旅游乡村古镇的文明需要解读，尽管解读的方式不尽相同，但通过富有地域特色、具有鲜明文化个性的演出演艺活动来进行诠释，尤其是从侧重视听的角度来展现当地文化，无疑会更容易获得旅游者的青睐。

不过，需要指出的是，这种演出演艺活动应注意几个问题：一是规模不宜过大；二是要凸显地方文化特色；三是要充分与夜游经济相结合；四是要与"区域品牌"建设同步；五是适宜采用"沉浸式"方式呈现。

总之，古镇的文化旅游开发缺少不了对当地文化的挖掘，更缺少不了创意元素的注入，根据不同的文化特色，以及与"观""感""触"等不同层面的活化结合和差异化打造，我们相信乡村古镇的复兴之路未来可期。

（作者单位：上海戏剧学院）

数字化背景下古村落文化遗产保护路径探析

黄　琳

在传统文化遗产保护中，人与物之间是被割裂的，这也导致了我们的生活与文化的割裂。而数字技术背景下，"活态传承"这一概念的提出，要求我们既要考虑在文化遗产生成发展的环境中进行保护和传承，又要注重在人民群众生产生活过程中进行传承与发展，特别是对文化资源传承人"在场"的唤醒，进而构建立体化传播模式，塑造文化空间，实现活态传承。

一、文化空间知识"可视化"

在古村落这一独特的人居文化空间构建中，可以利用知识可视化相关工具，如思维导图、认知地图、概念图等，呈现清晰的概念之间的意义和关系，将抽象的事物或过程变成利于被人们接受和认知的图形图像，实现文化空间可视化。这一转化过程需要解决四个问题：（1）可视化什么类型的知识；（2）为什么要对这些知识可视化；（3）如何对这些知识进行可视化；（4）可视化知识的受众是谁。其中的关键是对受众主体的思考，即对文化利用主体或消费主体进行细分的考虑，以实现多元化文化传播需求。在当前以文旅经济利益为导向的生产趋势下，要避免对文化资源进行商品化、消费化、符号化、异化的文化创造，应尽可能对文化传承人及文化资源所在地人们的日常生活经验进行深入解读，重视作为传承人与被传承人的评价作用。在此基础上，对文化资源要素进行识别、命名和处理，构建知识可视化模型，进行文化资源的可视化表达，使得文化资源能够被看见、被读懂。同时，结合当下新媒体传播技术，形成渠道丰富、覆盖广泛、传播有效的数字化保护工作机制，创设视觉形式新颖的文化情境，增强文化空间知识的吸引力，从而激发大众的求知欲，使人们主动探索相关信息，将信息转化为长期记忆，产生文化的有效"知识迁移"，促进对文化知识的理解和传播。

二、文化空间情境"可交互"

交互性是数字化保护技术中常用的概念，它与双向传播或被动传播的区别在于，其交互是即时的，也就是实时地发挥作用。目前，在古村落文化遗产数字化保护中，依托体感和手势交互的技术设备来引发大众趣味性交互式行为的意味会更浓烈些，而技术作为保护手段还未很好地内化于日常生活情境之中。笔者认为，交互情境的设计"只有在它对创作者以外的人的经验起作用时，才是完整的"，它不仅仅是博物馆空间内设备和用户之间技术型的交互，更多的是一个"公众记忆"、知识和文化调节的过程。在这个传播过程中，设计师应强调多元化的主体参与，充分考虑传承人对文化遗产缘起、经验的认知，以更好地结合在地性和人文性融入情境设计，进而让公众有更好的经验获取和情感体验。台湾的青蛙小镇桃米村，以分享故事的形式传递当地蛙及其文化内涵。在这种经验外围，公众可以充分而深入地体会当下的文化空间，这也是古村落文化遗产保护与传承交互性设计的核心所在。

三、文化空间信息"可理解"

目前，在文化遗产数字化保护过程中，由于缺乏对数字保护标准的系统研究，加之文化保护各主体的主导地位不明确、受众对象复杂化、文化资源表现形式多样等问题，文化信息提取难、共享性差。"信息空间"（I-space）模型理论的建立，为数字保护工作者构建信息管理体系提供了重要的基础。如何对文化遗产信息进行采集，以何种标准规范存储，如何准确而有效地传达信息内容，并建立评估机制，这些问题之间的逻辑关系构成了信息的"可理解"性。这些问题的解决，需要文化遗产保护工作的各主体之间保持深度合作，保证信息对称。一方面，在古村落文化遗产数字化保护过程中，对某一特定文化遗产的相关信息要进行全面而完整的提取，以便能够对信息进行进一步简化分类处理、编码。抽象的维度越高，信息的共性越强，越容易为不同背景的用户所共享，其扩散维度的效果就越明显，信息就能够得到有效传播。为避免存储、输出、共享等环节的资源浪费，相关信息生产者和管理者应避免套用自身专业知识体系标准来构建文化信息系统，而需从宏观角度出发，进行数据信息分类和标准制定，实现后续信息可视化和可交互设计工作的最优化。另一方面，信息的准确与有效传达依赖于政府、专家与学者秉持对文化遗产保护与开发的初衷，即文化传承应尽量避免知识与权力关系所带来的主体价值取向偏颇等问题。特别是应当尊重村民等这些具有丰富经验的、身处文化信息源头的文化遗产传承人群，鼓励并吸收他们积极参与构建文化信息系统的"源头"工作。

文化遗产保护的最终目的是文化传承，其关键在于处理好文化空间构建中主体性的缺失与唤醒问题。数字技术不应该成为文化生态环境消失的手段，而应当融入日常生活情境，在尊重传统文化生态规律的基础上，作为适应文化认知及传播而不断"自适应"的一种更完善、更人性化的机制。

（作者单位：阳光学院现代管理学院）

乡村振兴：一场诗意的人文主义复兴运动

吴海燕

随着城市化进程的加快，人们在享受经济高速发展所带来的物质繁荣的同时，也面临着新的困惑和需求：如何协调城乡的关系，如何建设宜居城市，如何展现城市的温度、情趣和艺术，等等。显然，在城市化进程中，我们的经验先天不足，提前谋划的能力欠佳。

城市化对乡村的影响是全方位的。农村人到城市，逃离了宗法制度社会，背离了土地，远离了故乡，走进一个陌生的都市社会，那种"悠然见南山""鸡声茅店月""一水护田将绿绕"的田园牧歌景象，那种尊老爱幼、邻里和睦的氛围渐行渐远，具有中国传统文化韵味的含蓄缓慢、诗意蕴藉的人文传统也逐渐成为历史。

一、乡村振兴的现状

目前来说，"乡村振兴"属于国家自上而下推行的国策，各种社会力量和专业机构多为"按题作答"，缺乏动员广泛社会力量参与的内驱力量。在文化上，"乡村文化的'空心化'，间接导致了乡村社会的文化断层、价值危机和秩序失衡，传统乡村文化面临断代的风险，乡村精英的标杆意义日渐衰落，乡村社会由此失去了文化认同的基础"。在经济上，乡村振兴面临着产业结构转型、脱贫攻坚、缩小城乡收入差距等改革任务。在人口迁移上，依然呈现从乡村到城镇、从西部往东部、从不发达地区往发达地区、从小城镇到大城市的迁移路径。按照世界发达国家城市化的数据，当一国的城市人口占总人口的70%—80%时，逆城市化就会较大规模地出现。但由于中国的国土面积广阔，各地发展不均衡，因此我国的逆城市化只相继提前出现在上海、深圳等沿海经济发达城市。

二、乡村振兴的人文根基

中国的乡村振兴必然要有中国模式和中国气派，要符合中国人的审美趣味，要向传统寻找人文资源和根基。中国的哲学根基不同于西方。冯友兰在他著名的《中国哲学简史》中介绍："德克·布德教授（Derk Bodde）有篇文章，《中国文化形成中的主导观念》，其中说：'中国人不以宗教观念和宗教活动为生活中最重要、最迷人的部分。……中国文化的精神基础是伦理（特别是儒家伦理）不是宗教（至少不是正规的、有组织的那一类宗教）。'"在伦理的基础上，中国人构建了儒、释、道，这是一种入世和出世相得益彰的哲学信条。因此，中国农耕文明塑造了中国人天人合一、逍遥自得、仁者乐山、智者乐水的品性。这种厚植于心的中华文明根基，成为我们进行城市化和乡村振兴的自然选择。

乡村振兴只有把中国的传统文化和现代观念有机结合，才能开创我们的中国模式和中国气派。乡村振兴首先需要定义的是，古代中国人的总体性格特点，现代中国人的转化方向，只有将二者有机结合，才能构建符合中国人精神追求的乡村，而追问审美的嬗变，则是其中非常重要的逻辑理路。

三、乡村振兴：审美的因素

一个时代有一个时代的审美观。不论是宏观层面的景观改造，还是中观层面的人居环境的更新，抑或微观层面的旅游纪念品开发，都涉及当代审美的若干问题。因此，乡村振兴首先要考虑的问题就是，我们要建造什么样的乡村。日本提出的"一村一品"计划取得了很大成功，其关键因素就是各种力量联动推进，在美学上具有前瞻性，充分吸收传统元素，达到传统与现代的有效结合。

乡村振兴是国家战略，属于顶层设计，在此之外还需要设计师、企业家、研究机构、地方政府协同推进。其中有一个很重要的问题，那就是我们非常缺乏深谙在地文化和现代创意的设计人才。商业驱动可以让乡村振兴改造迅速推进，却可能让我们再次重蹈以往城市化弊端的覆辙——千村一面。因此，传统美学需要再复兴，现代美学需要再重构。

乡村振兴中的人文价值、美学价值、记忆价值，都可以从乡村建筑中得到反馈和关照。乡村记忆和城市记忆是不同的，乡村记忆是静止的，城市记忆是流动的。我们的乡村振兴中造物的审美变化，应该将中国传统和现代有机结合，无论是原材料、颜色，还是造型、空间布局。日本的越后妻有大地艺术祭，就是结合日本的传统和东方人的审美，在现代造型艺术的基础上进行的创新，从而成为当地的文化符号。

那么，传统中国人的审美是什么呢？我们认为是自然和中庸。中庸本不能作为审美因素，但是它又关乎我们看待万事万物的立场和思维方式，不管是服饰还是造物文化。而在西方，现代审美早已经把西方传统的洛可可和巴洛克风格丢进了历史的垃圾堆，在消费主义和平民主义塑造下，西方文化形成了以简约为美的审美风格。

四、乡村振兴与人文主义

人文主义是西方文艺复兴运动的一个概念，肯定人的价值和尊严，提倡世俗文化和宽容，追求自由平等。现代新儒家唐君毅说，人文主义不仅不会与一切含真理的"主义"相敌对，而且他（它）正当肯定在各种人类文化领域中之各种"主义"相对的价值。我们中国文化的人文主义，应该是通过人格的修养达到的一种精神境界，在这种精神境界中进行文化创造和艺术发掘。

乡村振兴正是一场诗意的人文主义复兴运动。我们需要继续扩大它的内涵，将其变成我们中国传统和现代西方人文主义的共生产物。这样的乡村振兴既立足传统又面向未来，既杂糅了东方文明的优秀成分，又加入了西方文明的个性特点。当然，一种以农耕文明为主，既古典又现代的乡村全面振兴运动，最终将可以成为既是当下的，又是历史的。

（作者单位：福建师范大学协和学院）

用声音留住乡愁

——历史文化名村名镇声景营造初探

林惠清

在历史文化名村名镇的传承与保护中，古建筑的修复和重建显然是不可或缺的重要内容。人们在关注这一方面的同时，往往很容易忽略另一重要方面——声景营造，它对名村名镇历史氛围的形成起着至关重要的作用。"声景"（Soundscape）一词最早由芬兰地理学家格兰诺提出，声景学即是从文化、社会、历史及人文的角度研究环境中的声音，并对具有丰富历史和地域文化的声音——"声景遗产"加以保护、留存和记录的一门学科。修复良好的历史景观加上具体可感的声景营造，二者相得益彰，方能完美呈现历史景观的文化意境，体现名村名镇的历史韵味。一个村镇的声景理应包含丰富的甚至超出景观本身意义的多个层面。

一、自然声景与历史名村名镇的生态保持

自然声景是整体景观建设中最基础的声环境，关涉整体区域性的生态恢复。在城市化进程中，不少村落受到现代化影响，区域生态遭到不同程度破坏，以往丰富的自然声景逐渐消失，由这些声景

所引发的乡愁只能存留在人们的记忆中。在古人的诗句中，有关声音的描写比比皆是："春听鸟声，夏听蝉声，秋听虫声，冬听雪声，白昼听棋声，月下听箫声，山中听松风声，水际听欸乃声，方不虚此生耳。""暧暧远人村，依依墟里烟。狗吠深巷中，鸡鸣桑树颠。""听得蛙声一片，稻花香里说丰年。"试想，如果没有了声音，古村落景观的意趣如何呈现？游人们浓浓的乡愁何以抒发？可见，自然声景是唤醒古村落历史文化信息的重要媒介，是游人们体验古村落意韵的关键载体。因而，保持和营造自然声景，应当成为历史村镇修复重建时必不可少的一环。清淤灌水、栽树培草，营造景观应与修复重建同步进行，将良好的自然生态与村落古迹融为一体，让耳畔重闻自然声响，让声景与景观和谐共存，复原古建筑原有的意趣，营造出古人笔下美妙的意境与情感，激活记忆中的乡愁，生发出无比美妙和令人感慨的声画体验。

二、历史名村名镇社会文化声景恢复与乡愁营造

除了自然声景外，能给静态古建筑和文物带来生机的是名村名镇的社会文化声景的恢复，只有适宜人的活动和场景才能使古村镇的历史变得更易感知和体验。

（一）劳作生产的声环境

劳作生产所形成的声环境，既是一个村落生产生活气息标志性的声音符号，也是一个村镇经济兴旺发展的体现，是重现村镇历史风貌的重要声景。建筑师可以修复古建筑的旧时模样，却无法使村落恢复过去的兴盛。在历史名村名镇的恢复和振兴过程中，要有规划地保持当地特色手工业，引入现代科技，改进部分工艺，促成技

术传承，实现环境优先的产业复兴。尤其要突出地方产业特色，主打"非遗"技艺产品，强化历史名村名镇的区分度。在不破坏原有景观的前提下，有针对性地恢复地方传统生产活动，形成适度的生产声环境：让织布机声重新回荡在坊巷间；让富有节奏感的打铁声再次响起；让具有地方特色的劳动号子再现齐心合力的劳动场景……在游子听来，这就是久违的乡音；在游客听来，仿佛穿越历史时空，不由让人循声而去，一探究竟。

（二）传统民俗的声景

历史名村名镇有着深厚的历史文化底蕴和保存较为完整的传统民俗，为人文景观的恢复和发展奠定了良好的基础。民俗是最具有地方特色的特定风俗活动，不同地区、乡镇都有其特有的民间节俗和节庆赛会。在民俗专家的指导下，恢复传统民俗活动，让充满民间气息的民俗声音重新在乡村回荡，不仅能够成为旅游的新看点，也能够唤醒离乡人的乡愁。如逢年过节祭祀时村中祠堂的炮仗声、司仪庄重的吟诵声……仿佛穿越时空，重现历史。端午节来临，许多地方特别是历史名村名镇，都会响起热闹非凡的锣鼓声和呐喊声，正如沈从文先生在《端午日》里所描写的那样："一船快慢既不得不靠鼓声，故每当两船竞赛到激烈时，鼓声如雷鸣，加上两岸人呐喊助威，便使人想起小说故事上梁红玉老鹳河水战时擂鼓的种种情形。"除了这些大众节庆声景外，一些历史名村名镇在民俗活动中形成了自身鲜明的特点。例如，福建省长汀三洲村自创的"花灯锣鼓"就极具地方风味，其特色在于用特定的锣鼓点音模仿吉祥用语，不仅饱含了三洲民众对美好生活的珍惜和向往，还体现了当地和谐、太平、喜庆的氛围，洋溢着浓厚的地方特色，彰显了几百年来传统文化的神韵。

（三）地方方言的声景

唐代文学家司空图有诗云："逢人渐觉乡音异，却恨莺声似故山。"这两句诗一方面道出了思乡之愁，另一方面也反映了各地方言的迥异，正所谓十里不同音。可见，方言传讲也是古村镇重要的人文声景。名村名镇大多具有深厚的历史文化气息，文化的保护与传承除了重修古建筑以外，还可以借助方言来注入文化的生机，实现传统文化的时空穿越。将古村落建筑中的部分场地辟为孩童的国学基地，让以方言诵读的琅琅书声在村镇中传播，再现当地耕读传家的历史传统，营造名村名镇活化传承的文化场景。

三、用艺术声景留住美丽乡愁

传统地方戏和民歌过去是为人们熟知的、平易近人的艺术形式，如今却被"陌生化"，这种疏离源于受众的不了解，也源于这些传统艺术形式缺少时代性。要让这些艺术形式再次唱响，需从多个方面着手。

（一）更新内容，与时俱进

改革创新的前提是要先保留地方戏和民歌中最具传统性、最能代表地区特色的部分，再将与当代语境脱钩的曲目、歌词删去，改编成较少回目的剧本或折子戏，以适合年轻人和游客们的欣赏节奏。经典曲目或旋律可做旧瓶装新酒的改变，将当代村镇中发生的新近事，用传统的曲调来演绎，贴近观众，消除隔阂。

（二）做好传承，留住乡愁

要保护传统艺术形式，留住乡愁，还得做好传承工作。如作为历史名村的清流县赖坊村，当地人用乐器演奏的乐谱大多为赖坊先人自己所谱写，乐器演奏与鼓乐的打法都与其他地方不同。作为传承者，当地一些乐器爱好者自发组成农民草根乐队，名为"古乐坊"。自娱自乐之余，当地节庆时节，他们也组织演出，成为乡村生活中不可或缺的艺术声景。

不少历史名村名镇在文化传承上下足功夫，邀请专家和"非遗"传承人编写本土音乐教材，开设专门的地方戏、民歌研习课，让孩子们积极参与到家乡传统艺术表演中。福州林浦村的安南伬有着千余年的历史，是福州市唯一的单门独一乐种和民间罕见的中外结合乐种。近年来，福州市仓山区教育局把林浦小学作为林浦安南伬的传承单位，将林浦安南伬引入校园。

（三）网络传播打造多样化声景

历史名村名镇推介可以借力直播 APP 这一以年轻群体为主的传播方式，覆盖传统主流宣传方式渗透不够充分的受众群体。直播时可将历史名村名镇的传统特色与主播的专长进行组合，吸引观众注意力，带动旅游目的地打卡。历史名镇福建省永泰县嵩口镇基于永泰县与"字节跳动"的战略合作，依托自身优势形成了音乐类、文玩知识类、民宿改造类、手作类等多个企业账号的内容矩阵，借助网络知名平台精准推送的技术和海量用户的优势，将当地的特色内容进行整合并实现精准推送，为名村名镇的声景建设增添了新元素和新变化。

（作者单位：福建师范大学文学院）

"非遗"助推历史文化名村名镇旅游的路径和方法

陈红雨

一、历史文化名村名镇和"非遗"

历史文化名村名镇作为文化遗产，是以村民共同的生产生活为基础而相互联系的历史文化空间，是中华传统农耕文化的活的见证，是丰富的物质文化和非物质文化遗产的重要载体；同时，作为一个居民社区，是村民生产、生活的场所，处在不断发展变化中。"活态"地、整体地保存和延续传统文化是古村落本质的必然要求。

十九大提出乡村振兴战略的总体要求："产业兴旺、生态宜居、乡风文明、治理有效、百姓富裕。"历史文化名村名镇都是过去社会发展的成功代表，在新的历史条件和经济环境下却逐渐没落。历史文化名村名镇的复兴，是乡村振兴的重要内容。存活于广大农村的非物质文化遗产与历史文化名村名镇的物质文化空间，是血肉相连、唇齿相依的关系。"非遗"能否得到传承发展，是历史文化名村名镇能否复兴并可持续发展的前提。

历史文化名村名镇的复兴和可持续发展的关键是"产业兴旺"。所有的历史文化名村名镇都是因时因地发展特色产业的成果，在产业发展的过程中形成了别具一格的地方文化。我国当前在由富到强的建设形势下，更加看重产业发展的可持续性和生态性。因此，优化产业结构，丰富产业内容，提升产品附加值，大力发展第三产业特别是文化旅游产业，成为历史文化名村名镇复兴的必然选择。

在文旅融合的新趋势下，越来越多的历史文化名村名镇把当地的"非遗"项目作为重要且独特的文化和旅游资源，科学利用"非遗"项目，既有利于旅游业的发展，也有利于"非遗"的保护、传承与传播。

（一）"非遗"具有文化的独特性

非物质文化遗产是传承于当时当地，有别于其他地方传统文化的表现形式，与当地独具特色的实物和场所密切相关。由此可见，"非遗"自身就具有文化表现的独特性。因此，通过"非遗"资源开发的产品天然地形成了与其他产品的差异性，并形成地方产业的特色和竞争力。

（二）"非遗"具有旅游的体验性

在历史文化名村名镇的产业升级和重塑的诸多举措中，文化旅游是主要内容之一。2018 年 7 月 DIICH（"非遗"大数据）平台推出《2018 中国互联网用户"非遗"认知与需求调研报告》显示，在乡村旅游方面，"非遗"产品是最受旅游者喜爱的体验产品，特别是地方食品。此外，旅游者对"非遗"体验馆和 DIY 产品也很热衷，偏重于"非遗"体验。

(三)"非遗"具有融合的可燃性

文化本身并不能形成产业,但只要和旅游产业融合,它就会带动旅游产业发展。旅游产业的发展依托文化传播,文化传播需要旅游产业作为载体。例如,庙会、节庆等民俗活动本身并不直接形成产业,当它与旅游结合,就能有效形成对游客颇具吸引力的当地特色系列活动。再如,祭祀仪式、剪纸、打铁花等项目,通过旅游产业的添薪加火,便成了吸引游客的活化旅游项目。

二、路径与方法

近年来,在文化和旅游部提出的"在提高中保护""'非遗'走进现代生活""见人见物见生活"三个重要理念的推动下,文化和旅游融合发展不断深化。乡村旅游特别是历史文化名村名镇旅游已经成为乡村振兴的重要抓手。"非遗"作为乡村旅游的主要资源益加获得关注,日渐成为可体验、可购买、集艺术性与观赏性于一体的新型旅游产品,不仅让"非遗"大放异彩,也赋予历史文化名村名镇更蓬勃的生命力。

在曲阜吃孔府菜,在丽江住古城,在福建看土楼,在苏州听昆曲,在历史文化名村名镇学习当地传统技艺……如今,将丰富的"非遗"植入乡村旅游业态,不仅让"非遗""活"起来,也给历史文化名村名镇的发展注入了新动能。

(一)"非遗" + 民宿

民宿异军突起的原因在于满足了游客在功能性之上的体验性,其中最重要的是对"在地文化"的感知。"非遗"与民宿的结合既增强了入住旅客的文化体验,又为"非遗"开辟了活化的路径。

如，历史文化名村名镇——江西婺源县思口镇，作为婺源明清古宅的集聚地，目前已建成花满堂、西冲院、明训别院、将军府、正经堂、花田溪等19家高端古宅民宿。在这里，游客可以近距离感知千年古樟树榨油桩、老门套、老磨盘、竹编竹艺、水槽、石槽等"非遗"文化资源。

（二）"非遗" + 文创

过去，在很多年轻人眼中，"非遗"的历史性对应的是"过时"，在地文化性对应的是"土气"。然而，当黑陶、手工纸、传统扎染、刺绣、剪纸、服装等"非遗"文创产品出现在历史文化名村名镇的市场上，传统手工艺与现代创意的结合折射出的文化温度，立刻受到年轻人的追捧。如，北京布鞋老字号"内联升"具有160年的历史，它与迪斯尼合作取得授权，推出了迪士尼公主和米奇系列时尚布鞋，击中了年轻女性和儿童的"萌点"；2017年与动画电影《大鱼海棠》合作，推出中国风浓郁的"大鱼海棠"主题布鞋，迅速成为网红产品，线上开售不到一天，就全部售罄。

（三）"非遗" + 演艺

如果说传统技艺类的"非遗"项目多以展示和产品开发形成新的文化旅游经济增长点，那么我们常看到的大大小小的山水实景演出、文旅演艺和歌舞类等表演无疑是对舞蹈、音乐、服饰、节庆，甚至习俗传说类"非遗"文化的再开发。比如，由张艺谋、王潮歌、樊跃等人打造的"印象系列"山水实景演出，就将"非遗"元素成功融入旅游场景，引爆了国内旅游演艺的热情。各地纷纷打开自己的"非遗宝库"进行挖掘，邀请名导演和演艺公司，打造了一系列实景演出，这已经成为历史文化名村名镇打造文化品牌的有力举措。

（四）"非遗" +节庆

中国是世界上最早使用历法的国家之一，农历二十四节气就是中国古代劳动人民总结的天文气象历法。在漫长的历史岁月中，我国各民族逐步形成了特有的风俗和节庆。春节、元宵节、端午节、重阳节、中秋节、藏历新年、彝族年等传统节庆更是为"'非遗'+旅游"奠定了融合基础。泼水节、沙朗节、大禹祭祀、羌历新年……各地历史文化名村名镇上演的丰富多彩的民俗节庆活动，已成为吸引游客打卡的重要因素。

（五）"非遗" +研学

研学式旅游是继观光旅游、休闲旅游后的一种新文化旅游方式。游客将"非遗"与研学体验结合起来，不仅是一次亲身感知"非遗"文化的过程，而且是一段刻骨铭心的旅行体验。2017年，浙江桐乡结合研学旅游先后推出两家研学旅游传统文化名镇、16家研学旅游传统文化名村及18位研学旅游导师。如，每年寒暑假，大批游客和中小学生到泰丰斋体验姑嫂饼制作过程。再如，彝族刺绣、傣族慢轮制陶、丽江东巴造纸等多元化的旅游体验项目应运而生，充分满足了研学旅游的体验性和参与性。

近年来，"'非遗'+旅游"的探索模式除了上述所列举的五种典型的之外，还有正在显效的"'非遗'+扶贫""'非遗'+特色小镇""'非遗'+景点""'非遗'+会展""'非遗'+博物馆""'非遗'+特色街区""'非遗'+养生"等多种打开方式。

2019年是文化和旅游融合的新纪元。历史文化名村名镇一旦插上非物质文化遗产的翅膀，必将焕发无穷魅力和活力，并幻化为诗和远方最美妙的乐章。

（作者单位：南京艺术学院人文学院）

技术赋能古村落文化传播创新

黄秀莲

一、乡村振兴战略呼唤古村落文化传播

党的十九大报告首次提出了实施乡村振兴的新战略，并将其作为决胜全面建成小康社会、全面建设社会主义现代化强国的七大国家战略之一。2018 年，中央一号文件对实施乡村振兴战略进行了全面部署。实施乡村振兴战略具有重大的现实意义和深远的历史意义，既是建设美丽中国的关键举措，也是传承中华优秀传统文化的有效途径。

古村落是指形成较早，拥有较丰富的文化与自然资源，同时具有一定历史、文化、科学、艺术、经济和社会价值的村落。古村落是历史文化遗产的重要组成部分，反映了不同历史时期、不同地域、不同社会经济发展形成和演变的历史过程。古村落保留着丰富多彩的物质文化遗产和非物质文化遗产，凝聚着中华民族生生不息的精神，是维系华夏子孙文化认同的纽带，是中华民族文化的源头和根基，有突出的文化价值和传承意义。随着城市化进程的加快和农村人口的大量迁移，古村落面临即将消失或者已经消失的窘境，

造成了传统文化的莫大损失，尤其是少数民族聚居的村落尤为严重。昔日的古村落正经历着生存功能和造血机制的衰落。

只有"活"起来，才能"活"下去。乡村要振兴，古村落的活化是其中一项艰巨的任务，任重而道远。保护古村落必须做好"活化"文章。古村落是展现民间民族文化的"博物馆"，是记录乡村历史文化的"活化石"。在乡村振兴的大背景下，当前很多古村落在政策引导、扶持下正采取多种措施，多管齐下进行改造、保护、开发，主要着眼于农村生活环境的改造、古民居的保护修缮、旅游市场的开发等。无论是号召在外乡贤出力出计一起保护古村落，还是塑造古村落的独特旅游形象，抑或要使现代人更好地解读传统文化的力量，都离不开传播手段的运用及有效策略的执行。古村落的活化需要更多人的关注与参与，而智慧传播提供了一条行之有效的路径。将新媒体技术与传统古村落的活化相结合，是广大乡村实现现代化与传统化相结合、经济与文化相统筹、自然与社会相和谐的一种可行模式。

二、新媒体技术助推古村落文化传播

(一) 手机 APP 的开发推广

由于智能手机等移动设备的普及，APP 的种类和数量急剧上升。在顺应"智慧旅游"的大背景下，旅游类 APP 更是作为一个应用类别快速发展。目前，许多古村落都开发了线上的宣传途径，如微博、微信等。但调查显示，大多数古村落的官方微博、微信公众号平台推送的文章数量少，阅读量也寥寥无几，传播效果并不理想。APP 的特点是更加综合、更加专业，页面布局、图文色彩搭配、信息传达、启动速度、用户交互、功能键的易用性、提供的服务与内容等都是极其重要的用户体验部分，开发利用手机 APP 来传播古村落民俗文化，相较微博、微信来说，是一种更加深入的传播形式，不失为一种行之有效的方法。

（二）VR 技术、AR 技术的开发推广

随着历史的演变，很多古村落景观会发生不同程度的变化，即使原貌保存得再完整，仍会有许多原始风貌无法呈现在众人面前。游客在参观某处古建筑遗址时，即使事先了解过其发展历程，也难以想象这些古建筑原本的造型和形状，而利用 VR 技术创造虚拟空间便可以有效地解决这一问题。智慧传播技术构造虚拟现实系统，让受众能够全方位了解村落历史文化，甚至可以"穿越"过去，得到更加深刻的感官体验和难忘的文化收获。这种类型的体验，既让用户有更多的自由，也给予他们更多的探索空间，让受众拥有超越普通游览的感官体验与刺激。AR 技术的目的是将真实的信息与虚拟世界的信息堆叠在现实世界中，并实时计算摄影机影像的位置及角度，使虚拟影像与真实世界完全匹配并实现实时互动。如今，AR 技术已经同 VR 技术一样运用到多个领域，为传统的传播方式创新提供了无限的可能，但是，在传统民俗文化保护及弘扬方面还有很大发展空间。目前传统的传播方式侧重于讲故事，依靠人工或传统媒体演示，而运用 VR 技术的传播能够推陈出新，从沉浸式体验入手，在建立的虚拟场景中增强趣味性、互动性，使受众产生情感共鸣，从而达到更理想的传播效果。

（三）网络销售创新模式的开发推广

随着信息技术的高速发展，网络购物以其便捷、高效等特点受到大众的追捧，以赶超实体店的速度迅速发展，目前已有电商进行民俗文化产品在线销售。很多古村落都拥有较高文化价值的民俗文化产品，如剪纸、根雕等，采用在线销售的方式可扩大消费范围和消费人群，既可为当地居民增加民俗文化产品创收，又可为古村落对外宣传推广特色民俗文化创造一条新的路径。目前常用的模式包括两种：第一种是靠农户通过抖音、快手等短视频平台或其他一些直播平台进行电商销售，这种模式虽然能在一定程度上打开销路，获得比在本地销售更可观的销量，但是仅限于对少量产品的运作，随意性较强，对于产品的品牌建设等需要进行长远规划的内容，仅凭普通农户还难以实现。第二种是通过互联网平台开设课程，直接面向农户，主要教授农作物的种植技巧、营销方式等，如快手发布"幸福乡村带头人计划""福苗计划""5 亿流量"行动，招募达人、MCN 机构帮助推广特产，直接带动贫困户增收；利用"抖音"平台发布"山里 DOU 都是好风光"等文旅扶贫项目，为偏僻乡区自产的农产品提高曝光度。腾讯结合技术力量，推出图像识别、深度学习 AI 技术解决种植业、畜牧业问题，还利用生态板块如娱乐、社交帮助扶贫。这些创新模式使网络销售有了更科学、更有效的传播，对农作物产销体系、物流体系、品牌营销、定制化销售等问题的思考也较为全面。这些网络销售创新模式的开发与推广，使古村落的活化、重新焕发生机得到更有力的支持。

古村落的智慧传播是一个复杂的系统工程，需要全面思考、统筹规划。与新时期媒体发展的新技术、新手段紧密结合，多提出新的传播路径设想，探索新兴技术下创新媒体的运用，总结智慧传播赋能乡村振兴的有效路径，才能重新定位古村落的核心价值，有效地挖掘古村落的特色 IP，为延续发展独特的精神文化，有效地避免古村落活化"千村一面"的现象提供思路借鉴，促进古村落文化的可持续发展，赋予传统文化新的产业活力，产生良好的社会效益和经济效益。

（作者单位：福建师范大学协和学院）

动漫文创乡村旅游综合开发可行性研究

—— 以另坊村动漫文创乡村旅游开发项目为例

钟利军

动漫文创和乡村旅游的结合是一个较新的概念，动漫文创在我国乡村旅游方面的应用还处在一个起步阶段，主要是要求建设者具备一定的动漫专业知识和资源。因此，动漫文创乡村旅游的发展较慢，但随着我国文创产业的发展，动漫文创在乡村旅游发展中的应用越来越广泛。

一、动漫文化在文创乡村旅游发展中的应用及优势

1. 文创乡村旅游的特点及市场分析

随着我国国民经济水平的不断提高，乡村旅游行业的经营模式愈来愈广泛，然而其终极目标是实现我国乡村旅游的可持续发展。我国乡村旅游行业在妥善处理了农村富余劳动力问题的同时，还大大改善和提升了农民的生活质量。随着文化创意产业的快速发展，基于文化创意产业与乡村融合的文化创意乡村在我国大量涌现，对于促进乡村旅游经济发展、丰富乡村文化生活等具有重要意义。文化创意乡村旅游因具有经济、审美、文化、社会等多重价值，成为

各地争相实践的发展模式。

2. 我国动漫文化发展及受众群体的分析

中国动漫自 2004 年国家广播电影电视总局印发《关于发展我国影视动画产业的若干意见》及 2006 年国务院办公厅发布《关于推动我国动漫产业发展的若干意见》以来，行业主管部门出台了一系列政策支持和促进文化创意产业的发展，创造了良好的市场环境。2017 年年底，中国动漫产业产值达到 1560 亿元，同比增长 19.91%。近年来，动漫产业作为第三产业的重要组成部分异军突起。

3. 动漫文创主题乡村旅游发展的优势及应用

动漫作为全球风靡的时尚流行文化，深受少年儿童和家长们的喜爱。那些平凡的，甚至被现代文明遗忘的小山村，借助动漫文创的引入和打造，将城市文化、商业气息、现代艺术交织在古朴文明的乡野里，为乡村植入超级玩酷动漫文化与创新产业内容，塑造了核心竞争力，不仅提升了自身的造血功能与运营变现，更有出色的代表项目吸引全世界。"动漫文创 + 乡村旅游"的创意营造是动漫与乡村共融后的一场成功的乡村生活创意实验。

二、另坊村在发展动漫主题文创乡村旅游方面的资源分析

1. 另坊村的地理位置及民居建筑优势

另坊村地处江西省宜春市袁州区三阳镇，距市中心仅 8 公里，是市至省府和市辖 7 县（市）及区辖 13 个乡镇的必经之地。借助市、区两级工业园发展的东风，该区域已经形成一个消费大市场，是宜春市新农村建设的优秀典型。

2. 策划执行团队的专业优势

另坊村动漫文创乡村旅游项目的策划团队具有极高的专业水平和策划执行能力。主策划人是土生土长的另坊村人，对本村的环境资源、风土人情了解深入。同时，作为动画导演，有着丰富的动漫行业资源和扎实的专业能力，其担任导演的多部动画片在各级电视台和众多网络平台播出。策划团队有诸多的同类乡村旅游项目经验。

三、另坊村动漫主题文创乡村旅游建设内容

1. 中国最大动漫主题壁画建设

动漫主题壁画以平面类和 3D 画两种形式为主。另坊村有近一万平方米的建筑立面分布在入村公路和环村公路两侧，非常适合绘制动漫主题壁画。

2. 动漫主题相关项目建设

大量青少年儿童为受众群体，娱乐设施的体验是最好的吸引他们的内容。

另坊村动漫主题娱乐设施建设主要分为三大内容：

（1）环村小火车。以入村公路起点为始发站，进入村部可以欣赏中国最大的动漫主题壁画，以及村民朴实自然的生活情景。

（2）动漫主题景观建设。大水车、大型风车群，以及动漫主题雕塑。

（3）动漫主题互动体验项目。动漫作品欣赏区、动漫作品制作体验区、动漫周边产品制作体验区。

四、可行性研究结论及建议

在当下国家大力发展农村事业，不断深入推进新农村建设的背景下，该项目的开发建设是可行的。在做好自身建设的同时，积极争取纳入政府旅游规划，加强与周边景区的合作，共同开发壮大区域旅游市场，成为宣传地区生态旅游业和现代农业发展的一个平台。并且，本项目建设对调整农业结构、增加农民收入、改善居民收入结构、解决农村剩余劳动力就业等问题具有良好的经济和社会效果。

（作者单位：福建师范大学协和学院）